Reihe Sprachwissenschaft
früher Reihe Sprach- und Literaturwissenschaft

Band 35

Einfluß des kulturellen Vorwissens auf die Rezeption von literarischen Texten in Deutsch als Fremdsprache

Sylke Stern

Centaurus Verlag & Media UG 1997

Die Autorin: *Sylke Stern*, studierte Germanistik an der Universität Leipzig, 1994 Promotion. Sie unterrichtet heute Deutsch als Fremdsprache.

Die Deutsche Bibliothek – CIP-Einheitsaufnahme

Stern, Sylke:
Einfluss des kulturellen Vorwissens auf die Rezeption von
literarischen Texten in Deutsch als Fremdsprache / Sylke Stern.
– Pfaffenweiler : Centaurus-Verl.-Ges., 1997
   (Reihe Sprachwissenschaft ; Bd. 35)
   Zugl.: Leipzig, Univ., Diss., 1994
   ISBN 978-3-89085-959-0   ISBN 978-3-86226-388-2 (eBook)
   DOI 10.1007/978-3-86226-388-2
NE: GT

ISSN 0177-2821

Satz: Vorlage der Autorin

Inhaltsverzeichnis

0   Einleitung

0.1   Begründung der Themawahl

Die vorliegende Arbeit widmet sich spezifischen Verstehensproblemen fortgeschrittener Lerner in Deutsch als Fremdsprache (DaF) beim Lesen literarischer Prosa. Es geht hierbei hauptsächlich um die Bestimmung des Einflusses, den das kulturelle -nichtsprachliche- Vorwissen auf die Textrezeption ausübt. Untersucht werden soll, auf welche Textdimensionen sich der Einfluß des Vorwissens konzentriert, wie sich das Vorwissen zu einem konkreten Text erfassen läßt und ob es eine für den Unterricht praktikable Methode gibt, das für den jeweiligen Text notwendige Vorwissen vor der Lektüre effektiv zu vermitteln. Die Antworten auf diese Fragen sollen in einer Fallstudie gefunden werden. Die zu untersuchende Zielgruppe umfaßt Fortgeschrittene, die entweder nach einem mehrmonatigen Intensivkurs ein Sprachabschlußzertifikat am "Herder-Institut" Leipzig erworben bzw.die "Prüfung zum Nachweis der deutschen Sprache" (PNDS) abgelegt haben. Beide Abschlüsse berechtigen zur Aufnahme eines Studiums an einer deutschen Hochschule oder Universität. Die Untersuchung bezieht sich also auf den gesteuerten Fremdsprachenerwerb. Um die Zielgruppe noch weiter einzuschränken, sollten sich dieUntersuchungen auf Gruppen ausländischer Germanistikstudenten oder Deutsch-als-Fremdsprache-Studenten des 2. und 3. Studienjahres konzentrieren. Wie auch ausden Testberichten ersichtlich ist (Siehe Kapitel 6), konnte diesem Kriterium nicht bei allen Tests Genüge getan werden, so daß mitunter auch auf Studenten anderer Fachrichtungen als Testpersonen zurückgegriffen werden mußte. Die Testgruppen sind in der Regel multinational und multilingual zusammengesetzt.

Die Spezifik eines literarischen Textes bringt für den fremdsprachigen Leser erheblich größere Schwierigkeiten mit sich als ein Sachtext. Während ein Sachtext vornehmlich auf Kommunikation ausgerichtet ist, auf die direkte Übermittlung von Informationen, ist ein literarischer Text durch mehr oder weniger große Multivalenz gekennzeichnet. Dieser "Spielraum"- oder "Polyvalenz"-Faktor (Groeben 1982, 78) führt bei verschiedenen Lesern auch zu unterschiedlichen Textverständnissen, weil der Leser den Text in der Regel nicht in der ganzen literarischen Bedeutungsvielfalt rezipiert, sondern ihn seinem Erfahrunghorizont angleicht (ibid., 80). Bei meiner Arbeit mit literarischen Prosatexten in den Lektürekursen für ausländische Germanistikstudenten konnte ich feststellen, daß es trotz eines annähernd gleichen Sprachbeherrschungsgrades häufig zu erheblichen Rezeptionsunterschieden innerhalb einer Gruppe kommen kann. Die Ursachen für diese Differenzen sehe ich vor allem in den unterschiedlichen kulturellen Wissensbeständen, über die die Lerner jeweils verfügen. Die Untersuchung der Rolle des Vorwissens bei der Rezeption von literarischen Texten verdient demnach in der Tat besondere Beachtung in der fremdsprachlichen Leseprozeßforschung und sollte daher auch als eigenständiges Forschungsgebiet gesehen werden. Bisherige Untersuchungen beziehen sich häufig auf speziell konstruierte Testtexte oder auf Sachtexte. Deren Resultate lassen sich demzufolge nicht ohne weiteres auf literarische Texte übertragen.

Der Leseverstehensprozeß wird von text- und leserabhängigen Faktoren beeinflußt. Zu den leserabhängigen Faktoren gehören sprachliches Wissen, Vorwissen (Siehe Abschnitt 3.1.), Verarbeitungskapazität, Vorurteile und Einstellungen, Motivation und Interesse sowie die Zielstellungen des Lesers. Die affektiven Faktoren, Motivation und Interesse, können kulturell bedingt sein und u.U. sogar die Aufnahme der im fremdsprachigen Text enthaltenen Informationen verhindern. Sie sollen jedoch aufgrund der Schwierigkeit der Meßbarkeit in der vorliegenden Untersuchung weniger beachtet werden. Auch gehe ich in Anlehnung an Lutjeharms (1988b, 194) und Weber (1979) sowie beruhend auf eigenen Erfahrungen davon aus, daß mangelnde Motivation und fehlendes Interesse im Fremdsprachenunterrichts durch den Lehrer größtenteils abgebaut werden können. Als textabhängige Faktoren gelten neben dem sprachlichen und inhaltlichen Komplexitätsgrad des Textes auch solche Größen wie Schrifttyp, Schriftgröße, Zeilenabstand und ähnliche drucktechnische Variablen, zu deren Einfluß bereits Untersuchungen vorliegen.

Wegen der Komplexität des Verarbeitungsprozesses können in der vorliegenden Arbeit nicht alle Seiten dieses Prozesses betrachtet werden. Untersucht werden soll vor allem der Einfluß des vom Leser mitgebrachten Vorwissens auf das Leseverstehen. Ich verspreche mir davon Aufschlüsse über verstehenshemmende Faktoren, die vor allem bei fortgeschrittenen Lesern zum Tragen kommen. Zu diesem Aspekt des Leseverstehensprozesses gibt es bislang erst wenige empirische Untersuchungen, da die meisten Arbeiten sich mit den unteren Verarbeitungsstufen beschäftigen. Darunter werden hier die auf der Wort- und Satzebene stattfindenden Verarbeitungsprozesse verstanden. Der Einfluß von Lexik und Syntax wird in der vorliegenden Untersuchung vernachlässigt, weil vorausgesetzt werden kann, daß die Lerner der untersuchten Zielgruppe das Sprachsystem im wesentlichen zumindest rezeptiv beherrschen. Diese Einschränkung machte sich auch aus dem zeitlichen Rahmen der Arbeit -drei Jahre- erforderlich. Ich möchte jedoch betonen, daß der sprachliche Aspekt bei der Betrachtung des fremdsprachigen Leseprozesses nie vollständig ausgeklammert werden kann, da auch das Hintergrundwissen immer an sprachliches Wissen geknüpft ist. Der Leser muß während des Lesens ständig sein Wissen über Sprache, Texte und sein Weltwissen einbringen, wenn er den

Textsinn entschlüsseln will. In Übereinstimmung mit der in der Leseforschung der letzten Jahre durchgesetzten Auffassung verstehe ich Lesen als einen kommunikativen Vorgang, bei dem Text und Leser in Interaktion treten (Vgl. Ehlers 1986,23).

0.2 Überblick zu den einzelnen Kapiteln

Theorien können nicht aus sich selbst generiert werden. Daher sollen zunächst im ersten und zweiten Kapitel die Hauptrichtungen der Leseforschung in einer Übersicht dargestellt werden, um den gewählten theoretischen Ansatz in einen größeren Forschungszusammenhang einordnen zu können. Erst in den letzten zehn Jahren begann man an einer eigenständigen Theorie des fremdsprachigen Leseprozesses zu arbeiten. Trotzdem gibt es auch heute noch zahlreiche Arbeiten, die ein Modell des muttersprachlichen Lesens auf den fremdsprachigen Leseprozeß übertragen. Im ersten Kapitel wird der gegenwärtige Forschungsstand zum Leseprozeß in der Muttersprache dargelegt. Es werden die unterschiedlichen Forschungsansätze erläutert: die Erforschung der Blickbewegung beim Lesen, die behavioristische Leseauffassung, die kognitionspsychologischen Lesemodelle sowie der kommunikationstheoretische Ansatz.

Das zweite Kapitel enthält Aussagen zu den Spezifika des Leseprozesses in der Fremdsprache, insbesondere über schwierigkeitsbedingende Faktoren des fremdsprachigen Lesens. Es werden dabei zuerst die beiden Faktoren des Textverarbeitungsprozesses, Leser und Text, betrachtet, bevor die Interaktion zwischen Text und Leser sowie mögliche Ursachen für Störungen dieser Interaktion untersucht werden. Die hauptsächlich von der amerikanischen Leseforschung häufig angeführten Lesbarkeitsformeln zur Messung der Textschwierigkeit werden in diesem Kapitel einer Kritik unterzogen.

Eine Definition des in dieser Arbeit verwendeten Vorwissensbegriffes wird im dritten Kapitel erarbeitet. Die Begriffsbestimmung erfolgt dabei in Abgrenzung vom sprachlichen Wissen und unter besonderer Berücksichtigung des Vorwissens als Schemakenntnis. Ausgehend von dieser Begriffsbestimmung wird die Rolle des Vorwissens im fremdsprachigen Leseprozeß erläutert. Die letzten Abschnitte dieses Kapitels referieren hierzu Forschungsergebnisse anderer Arbeiten und leiten aus den offen gelassenen Fragen die Untersuchungsziele der vorliegenden Studie ab.

Im vierten Kapitel werden die den Testreihen zugrundeliegenden Untersuchungsmethoden begründet und erläutert. Es beinhaltet ferner eine Beschreibung des Testablaufs und des Aufbaus der einzelnen Fragebögen.

Die beiden Testtexte sowie die Textanalysen sind im fünften Kapitel abgedruckt. Jeder Text wurde nach dem Textbeschreibungsmodell von J. M. Lotman analysiert.

Dieser Textbeschreibungsansatz wird am Anfang des Kapitels erläutert. An die Textanalysen schließt sich dann jeweils der Abdruck des Fragebogens sowie der Erläuterungen zum Fragebogen an. Hierbei wird deutlich, daß der Aufbau der Fragebögen auf den Textanalysen nach Lotman basiert.

Im sechsten Kapitel werden die einzelnen Schritte bei der Datenauswertung detailliert beschrieben sowie die Tests einschließlich der Vorversuche ausgewertet und die Untersuchungsergebnisse zusammenfassend dargestellt.

Die erzielten Ergebnisse werden schließlich im siebten und letzten Kapitel unter Bezug auf die bisherige Forschung diskutiert, so daß in diesem Zusammenhang Schlußfolgerungen für weitere Untersuchungen gezogen werden können. An dieser Stelle soll ebenfalls die Verwertbarkeit der Resultate für die Unterrichtspraxis besprochen werden.

1 Lesen in der Muttersprache

1.1 Verschiedene Ansätze zur Erforschung des Leseprozesses in der Muttersprache

1.1.1 Untersuchungen zur Blickbewegung beim Lesen

Die Erforschung des Leseprozesses begann Ende des vorigen Jahrhunderts mit Untersuchungen der Augenbewegungen. Die Augenbewegungen sind als äußere Merkmale die einzigen direkt beobachtbaren Komponenten des Leseprozesses. Cattell stellte 1885 und 1886 Versuche darüber an, wieviel Zeit für die Wahrnehmung von Buchstaben, Wörtern und Sätzen benötigt wird. Erdmann und Dodge (1897) bestätigten das Ergebnis Cattells, daß das Auge die Textzeile nicht in einem gleichmäßigen Rhythmus wahrnimmt, sondern sich während des Lesens in Sprüngen von Fixation zu Fixation bewegt. Dabei wird nur während dieser Ruhepunkte Information aufgenommen (Vgl. Westhoff 1987).

Neuere Forschungen der Tachistoskopie konnten diese Resultate erweitern. So wurde mittels Computermessungen festgestellt, daß die Dauer der Fixationen im Durchschnitt 250 msec beträgt und in Abhängigkeit von der Verstehensschwierigkeit des Wortes schwankt. Dieser Fixationsbereich umfaßt ein bis zwei Wörter bzw. acht bis fünfzehn Buchstaben. Die Sprünge (Saccaden) unterliegen ebenfalls Schwankungen in der Zeit, etwa zwischen 5 und 30 msec. Während einer Saccade werden keine Informationen aufgenommen. Die Saccade verläuft zielgerichtet, es wird vorwärts und rückwärts gesprungen. Man nimmt an, daß die Rückwärtssprünge auf Verstehensschwierigkeiten hinweisen (Vgl. Stiefenhöfer 1986, 43; Rickheit/Strohner 1985, 33). Empirische Untersuchungen ergaben, daß die Zahl der Regressionen (Rückwärtssprünge) bei ungeübten oder schwachen Lesern größer ist als bei guten Lesern. Die Augenbewegungsforschung unterstützt damit die Auffassung, daß das Lesen keine passive sukzessive Aufnahme der einzelnen Buchstaben ist, sondern eine zielgerichtete und aktive Handlung. Sie ermöglicht es, während des Leseprozesses quantitative Daten über seinen Verlauf zu gewinnen.

1.1.2 Behavioristische Leseauffassung

In der Zeit zwischen 1920 und 1960 stand die Lesetheorie vornehmlich unter dem Einfluß der von der behavioristischen Psychologie beeinflußten Auffassungen. Lutjeharms spricht davon, daß es mit dem Auftreten des Behaviorismus zu einem Rückgang in der Forschung kam (Lutjeharms 1988b , 39). Die behavioristische Lesetheorie war vom Stimulus-Response-Paradigma geprägt und faßte Lesen als einen determinierten Reaktionsprozeß auf die vom Text vorgegebenen Stimuli auf. Für den Leseunterricht hatte diese Auffassung zur Folge, daß das Lesen durch das Einschleifen von Skills mit Hilfe von Drills gelehrt werden sollte, d.h. beginnend mit der Wahrnehmung von Buchstaben, dann zur Zusammensetzung in Wörtern und Sätzen übergeht und abschließt mit dem In-Beziehung-Setzen des Wahrgenommenen mit den Bedeutungen (Stiefenhöfer 1986, 26).

1.1.3 Lesetheorien der Psycholinguistik und der Kognitionspsychologie

Unter den kognitivistisch geprägten Lesetheorien können in der Forschung drei Ansätze unterschieden werden: die Auffassung der frühen kognitiven Theorie, einer im wesentlichen datengetriebenen Textverarbeitung, die psycholinguistische Theorie der erwartungsgeleiteten Verarbeitung sowie die heute vorherrschende interaktive Leseverstehensauffassung. Die auf diesen Theorien basierenden unterschiedlichen Modelle des Leseprozesses sollen im folgenden näher betrachtet werden: das datengetriebene, das erwartungsgeleitete und das interaktive Modell. Es handelt sich hierbei um die Modelle, die am häufigsten auch für L2-Lesen (L1: Muttersprache; L2: Fremdsprache) angewendet werden. Diese Modelle variieren in ihrer unterschiedlichen Betonung von Textvariablen und leserbezogenen Variablen.

1.1.3.1 Das datengetriebene Leseprozeß-Modell

Ende der 60er und Anfang der 70er Jahre wurde Fremdsprachenlesen vor allem als Dekodierungsprozeß verstanden, in dem durch das Zusammensetzen von Buchstaben und Wörtern zu bedeutungshaltigen Einheiten der Sinn eines Textes ermittelt wird (Barnett 1989, 19). Das datengetriebene Modell der frühen kognitiven Lesetheorie geht dabei von hierarchisch aufeinanderfolgenden Verarbeitungsstufen beim Lesen aus. Diese aufsteigende Verarbeitung wird durch den optischen Text und dessen Oberflächenstruktur ausgelöst und erfolgt linear vom Einfachen zum Komplexen, d.h. zuerst werden die Buchstaben, dann Silben, Wörter, Propositionen, Sätze usw. entschlüsselt und verarbeitet. Die Interpretation der einzelnen Komponenten läuft entsprechend dem "bottom-up"-Prinzip ab, mit anderen Worten die Entschlüsselung einer Einheit beginnt erst, wenn alle Einheiten auf einer niederen Ebene interpretiert wurden. Dieses "strictly bottom-model" (Graesser 1981, 60) der Informationsverarbeitung beim Lesen wurde von Gough erarbeitet. Die Daten für sein Modell entnahm er hauptsächlich Laborexperimenten, also künstlichen Situationen, wobei er fast ausschließlich mit isolierten Wörtern und Sätzen gearbeitet hat (Lutjeharms 1988b, 68). Seine Untersuchungen konzentrieren sich im wesentlichen auf die niederen Ebenen der Hierarchie und lassen auch keine Interaktion zwischen niederen und höheren Verarbeitungsebenen zu. Diese Auffassung wird in der Literatur zu Recht als extrem einseitig kritisiert (Vgl. Lutjeharms 1988b, 68), da es beim Lesen einen reinen "bottom-up"-Mechanismus, d.h. eine nur textgeleitete Verarbeitungsrichtung, wohl nur auf dem Anfängerniveau des Lesenlernens geben kann. Das datengetriebene Modell ist in starkem Maße textorientiert und würde einen Leser voraussetzen, der ohne jegliche Vorkenntnisse einen für ihn zu schwierigen Text liest und der die Informationen des gegebenen Textes vollkommen passiv aufnimmt. "Bottom-up-Modelle" werden nicht sehr häufig für den L2-Leseprozeß übernommen (Barnett 1989, 12). Sie verschaffen lediglich Einblicke in den Leseprozeß von weniger geübten L2-Lesern.

1.1.3.2 Das erwartungsgeleitete Modell oder Lesen als Hypothesenbildungsprozeß

Die in den 70er Jahren vor allem in der amerikanischen Forschung zum muttersprachlichen Leseverständnis weitverbreitete Auffassung vom Lesen als Vorhersageprozeß führte zu einer Überbetonung der "top-down"-Verarbeitungsrichtung, d.h. der von oben nach unten absteigenden erwartungsgeleiteten (auch: wissensgeleiteten Verarbeitung). Als die beiden bekanntesten Vertreter dieser Richtung gelten Goodman (1973; 1976) und Smith (1970). Ihr "Analysis-by-synthesis"-Modell geht von festen Vorstellungen auf der Leserseite aus, die im Verlauf des Leseprozesses nur noch kontrolliert bzw. berichtigt werden. Beim Lesen als "guessing-game" (Ratespiel) wird der Text nicht linear verfolgt und jedes Zeichen sukzessiv aufgenommen, sondern es gehen nur die bedeutungshaltigsten Textinformationen in die Verarbeitung ein. Dabei unterscheidet Goodman vier Arbeitsschritte: "sampling", "predicting", "testing" und "confirming"/ "correcting". Beim "sampling" sammelt der Leser ein Minimum an Informationen mit Hilfe von "cues" des Textes; das sind optische Signale, die dafür sorgen, daß der Leser den Text seiner Oberflächenstruktur gemäß kognitiv aufnimmt. Auf der Basis dieser Informationen werden im nächsten Schritt, dem "predicting", Hypothesen in bezug auf den Inhalt und dessen sprachliche Realisierung aufgestellt. Die Hypothesen können auf bereits verarbeiteten Textinformationen als auch auf Kenntnissen und Erfahrungen des Lesers beruhen und damit sowohl text- als auch schemaorientiert sein. Diese Hypothesen werden anschließend auf ihre Richtigkeit getestet; erweisen sie sich als falsch, beginnt ein erneutes "sampling". Wenn die aufgestellten Hypothesen durch den Kontext bestätigt werden ("confirming"), kann weitergelesen werden, d.h. der Leser beginnt wieder beim "sampling" (Vgl. Gerhold 1990). Stellen sich die Hypothesen als falsch heraus, so werden sie korrigiert ("correcting"). Das Hauptverdienst Goodmans und Smith' besteht zweifellos in dem Hinweis auf die Bedeutung des aktiven und kreativen Lesers im Leseprozeß, der mit seinem Vorwissen in diesem Prozeß eine große Rolle spielt. Die Leserfaktoren (sprachliches Wissen, Weltwissen etc. -Zur Begriffsbestimmung siehe Abschnitt 3.1.) sind in dieser Theorie für die Textverarbeitung ebenso wichtig wie der Text selbst. Lesen erfolgt immer mit einer bestimmten Absicht des Lesers und wird in seinem Verlauf davon beeinflußt. Die Modelle von Goodman und Smith haben einen großen Einfluß auf L2-Lesetheorien. Die L2-Forscher kamen zu der Einsicht, daß die Annahme eines reinen "top-down-Modells" wenig Sinn ergibt für einen Leser mit wenig Wissen über ein Textthema bzw. für einen, der durch einen fremdsprachigen Text mit einer größeren Anzahl unbekannter Wörter in seinem Verstehensprozeß behindert werden kann. Die meisten "top-down-Modelle" bewegen sich daher auch in die Richtung interaktiver Modelle (Barnett 1989, 13).

Westhoff (1987) übertrug dieses für den muttersprachlichen Leseprozeß entwickelte Modell auf das Lesen in der Fremdsprache. Der fremdsprachige Leser benutzt seine Kenntnisse, um "mit Hilfe einer bekannten Struktur ein unbekanntes Element vorherzusagen" (Westhoff 1987, 44). Lutjeharms stellte jedoch fest, daß der Erfolg ihrer Studenten beim kontextuellen Raten gering war (Lutjeharms 1988a, 11). Sie erhebt daher Zweifel an dieser Auffassung vom Lesen als Hypothesenbildungsprozeß, da nicht bewiesen ist, daß im normalen Leseprozeß tatsächlich ständig Hypothesen aufgestellt und überprüft werden. Dabei verweist sie u.a. auf Untersuchungen, die belegen, daß der Einfluß des Satzkontextes auf die Worterkennung viel langsamer ist als die datengetriebene Verarbeitung. "Eine Hypothesenbildung ist vielmehr auf der Textebene anzunehmen, da Leser normalerweise mit einer Intention an einen Text herangehen, was zu einer Hypothese über den Textinhalt führt" (Lutjeharms 1988b, 87).

Neuere Erkenntnisse widerlegen die Auffassung des Lesens als Prozeß der Vorhersage unter Hinweis auf die stark datengetriebene Verarbeitung vor allem auf den unteren Ebenen, wo diese Richtung viel schneller als die Hypothesenbildung ist, da die Informationsverarbeitung unmittelbar beim Fixieren geschieht. Außerdem sind die meisten Texte nicht so redundant, daß dem Leser jedes Mal genügend "cues" zum Erraten des nächsten Wortes zur Verfügung stehen würden. Ein redundanter und vorhersagender Kontext unterstützt zwar die Verarbeitung, entspricht aber nicht einer Vorhersagetätigkeit. Trotzdem nimmt man eine unterschiedlich ausgeprägte Erwartungshaltung beim Leser an, die von seinen

Erfahrungen abhängt und normalerweise automatisch und nicht bewußt eingesetzt wird (Lutjeharms 1988b, 89).

1.1.3.3 Das interaktive Modell: Schematheoretische Ansätze

Die Theorien der einseitig datengetriebenen bzw. einseitig erwartungsgeleiteten Textverarbeitung haben sich in der Vergangenheit als nicht haltbar erwiesen. Anfang und Mitte der 70er Jahre kam man zur Auffassung der Sprachverarbeitung als komplexer Prozeß. Zu den Vertretern dieses theoretischen Ansatzes zählen Kintsch und van Dijk (1978), Kintsch und Vipond (1979),Ballstaedt et al. (1981) und Groeben (1982).

Textverstehen wird als eine komplexe Informationsverarbeitung gesehen, die sich aus Teilprozessen zusammensetzt. In diese Verarbeitungsprozesse gehen sowohl die im Text enthaltenen Sprachstrukturen als auch die im Gedächtnis gespeicherten Wissensstrukturen ein. Es werden dabei alle Arten an zugänglicher Information ausgenutzt und in simultanen Prozessen verarbeitet. Im Unterschied dazu suggerieren die "bottom-up-Modelle" und die "top-down-Modelle" einen linearen Verarbeitungsablauf. "Nicht die Fertigkeiten höherer Ordnung steuern den Prozeß, sondern semantische Prozesse schränken die Alternativen der niederen Ordnung ein, werden aber ihrerseits auch durch Analysen auf unteren Ebenen eingeschränkt. Prozesse auf gleich welcher Ebene können Lücken auf gleich welcher anderen Ebene kompensieren" (Lutjeharms 1988, 133). Der Textrezeptionsprozeß wird damit als eine aktive und kognitiv-konstruktivistische Tätigkeit des Lesers verstanden, bei der Wahrnehmung und Sinnentnahme miteinander verbunden sind. Interaktive Modelle implizieren eine Interaktion zwischen Text und Leser, d.h. datengeleitete/ textgeleitete (aufsteigende) und erwartungsgeleitete/ wissensgeleitete (absteigende) Verarbeitungsrichtungen stehen in einem Prozeß der Wechselwirkung. Sie sind wie die "top-down-Modelle" leserorientiert und beeinflussen ebenfalls die L2-Lesetheorien.

Der Einfluß von interaktiven Modellen der L2-Lesetheorie wurde in den letzten Jahren im Zusammenhang mit der Schematheorie betont. Ein interaktives Modell auf der Grundlage eines schematheoretischen Ansatzes wurde besonders von Rumelhart (1980) ausgearbeitet. Sein Beschreibungsversuch der Organisation und kognitiven Repräsentation menschlichen Wissens und des Wirksamwerdens dieses Wissens im Verstehensprozeß lieferte wesentliche Ansatzpunkte für die Erforschung des fremdsprachigen Lesens. Nach Rumelhart ist die kognitive Repräsentation vorstellbar als Summe von Schemata, die durch Erfahrungen gewonnen werden. Die Quellen für den "Schema"-Begriff liegen in der Gestalttheorie Bartletts, der den Begriff 1932 einführte, und in der deutschen Denkpsychologie der 20er Jahre (Lutjeharms 1988b, 117). Die Schema-Theorie ist heute die am weitesten verbreitete Auffassung zum repräsentationalen Aspekt der Textverarbeitung, bei dem die Verbindung zwischen dem Text und seinem Sinn oder seiner Bedeutung hergestellt wird. Sie wurde und wird hauptsächlich von der amerikanischen Leseforschung vertreten. Dabei geht es hauptsächlich um die Bestimmung der Bedeutungseinheiten oberhalb der lexikalischen Bedeutungsebene, mit deren Hilfe die Textbedeutung erzeugt wird (Rickheit/ Strohner 1985, 10). Schemata werden folgendermaßen definiert: "Schemas are generic knowledge structures that guide the comprehender's interpretations, inferences, expectations, and attention when passages are comprehended. A schema is a structured summary of the components, attributes, and relationships that typically occur in specific exemplars" (Graesser 1981, 29). Da die Schemata nicht nur Abbilder beeinhalten, sondern auch Komponenten, die die Einordnung der Inputs vornehmen, sind sie aktive Datenverarbeitungseinheiten. Sie repräsentieren Sach- und Handlungswissen und umfassen damit das gesamte Vorwissen des Lesers. Es wird generell angenommen, daß die Schemata durch Lernprozesse erworben werden können. Nur einzelne primitive Schemata sind angeboren (Stiefenhöfer 1986, 33).

Ein Schema beinhaltet jeweils nur die stereotypen Merkmale eines Objekts oder eines Objektzusammenhangs. Es ist eine Art vorläufiges Wissen und kann durch neue Informationen bzw. Erfahrungen erweitert und verändert werden. Schemata können sich wie auch die einzelnen Wissensgebiete überlagern und sind somit nicht klar voneinander abgrenzbar. Es sind abstrakte Kategorien, die aufgrund ihrer Vagheit nicht zu falsifizieren sind, was von den Kritikern der Schema-Theorie als Hauptgegenargument angebracht wird (Rickheit/Strohner 1985, 13). Im Abschnitt 3.2. wird das Schema-Konzept und die Rolle der Schemata im Textverarbeitungsprozeß ausführlicher erläutert.

Innerhalb der Schema-Theorie gibt es einige Auffassungen, die von einem ähnlichen Ansatz an das Problem der Wissensrepräsentation und -verarbeitung herangehen und deshalb oft auch nicht eindeutig von der Schema-Theorie und ihren Begriffen getrennt werden. Gemeint sind die Skript- sowie die Frame- und Plan-Konzeptionen.

Der Begriff "Skript" wurde von Schank und Abelson 1975 auf der Internationalen Konferenz zur künstlichen Intelligenz eingeführt (Lehnert 1980, 85). Skripts sind im Grunde genommen eine Art spezieller Schemata, die Wissensstrukturen darstellen, die sich auf stereotype soziale Handlungsfolgen beziehen (z.B. "Restaurant-Skript"). "Skripts describe those conventional situations that are defined by a highly stereotypic sequence of events" (Lehnert 1980, 85). Das Verhalten in solchen Situationen wird oft in Form von kulturellen Konventionen beschrieben. Skripts werden in der Kindheit oder später gelernt, das ganze Leben lang eingehalten und selten in Frage gestellt oder analysiert. Sie sind stark kulturspezifisch geprägt und z.T. idiosynkratisch. Lehnert (1980) unterscheidet zwei Aspekte der Skript-Anwendung: den behavioristischen Aspekt ("behaviorally aspect of script application") und den kognitiven Aspekt ("cognitive aspect of script application"). Während der Verhaltensaspekt eintritt, wenn man sich gerade in einer Skript-Situation, d.h. einer konventionellen Situation, befindet und sich entsprechend verhält, wird das Skript-Wissen kognitiv bei der Sprachverarbeitung des Menschen eingesetzt, wenn er Schlußfolgerungen aus einem mündlichen oder schriftlichen Text ziehen muß (Lehnert 1980, 87).

Synonym zum Begriff "Skript" wird oft der Begriff "Frame" verwendet (z.b. von Wettler 1980). Er wurde von Minsky (1975) geprägt und umfaßt im Unterschied zum Skript nicht das Wissen um stereotype soziale Handlungen, sondern "eine Art standardisierte, konventionelle Repräsentation eines Vorgangs, einer Handlung oder einer Situation" (Lutjeharms 1988b, 119). Wettler (ibid., 177) vergleicht die Suche in einem Frame-System ganz treffend mit dem Aufsuchen eines Rezeptes in einem Kochbuch, wobei alle für die Zubereitung eines Gerichtes bedeutsamen Wissensinhalte in einem einzigen Rezept stehen.

Der "Plan" ist eine Art Schema für weniger stereotype, dafür aber zielorientierte Handlungen (Lehnert 1980, 87). Pläne entsprechen Verfahren oder Programmen, die genau vorschreiben, in welchen Einzelschritten eine bestimmte Aufgabe ausgeführt werden soll (Norman/ Rumelhart 1978, 26). Wird ein Plan häufig wiederholt, entsteht daraus ein Skript.

Eine umfangreiche Übersicht zu weiteren repräsentionalen und prozeduralen Theorien der Textverarbeitung findet sich bei Rickheit/Strohner (1985). An dieser Stelle soll darauf nicht näher eingegangen werden, da nur solche Ansätze berücksichtigt werden, die sich auch auf die Erforschung des fremdsprachigen Leseprozesses auswirkten.

1.1.4 Leseverstehensprozeß aus kognitiv-kommunikativer Sicht

Mit Herausbildung kommunikationstheoretischer Sprachauffassungen wurde in der Textverarbeitungsforschung ein stärkerer Akzent auf funktionale Aspekte dieses Prozesses gelegt. Textverarbeitung wird als zielorientierte Handlung bestimmt. Das Leseverstehen ist damit nicht mehr nur eine aktive, kognitiv-konstruktivistische Tätigkeit, die aus festeingeschliffenen Verarbeitungsprozeduren besteht, sondern eine kreative Handlung (Rickheit/Strohner 1985, 22). Leseverstehen in kommunikativen Sinne rückt den hermeneutischen Aspekt, der von den rein kognitiven Theorien bislang völlig außer acht gelassen wurde (Vgl. Hoppe-Graff 1984, 15), mehr ins Blickfeld der Betrachtungen.

In der Tätigkeitstheorie werden geistige, praktische und kommunikative Tätigkeitsformen unterschieden. Die kommunikative Tätigkeit spielt dabei eine

18

zentrale Rolle bei der Vermittlung zwischen geistiger und praktischer Tätigkeit. Sie ist in die funktional aufeinander bezogenen Komponenten Motiv, Ziel sowie eine Folge von Handlungen und Operationen gegliedert.

Die Auffassung des Sprachverstehens als Tätigkeit wirkt sich hinsichtlich der empirischen Forschung vor allem auf eine bewußtere Beachtung des Verhaltens der Versuchspersonen in einem Experiment aus. Versuchspersonen ändern oft ihr Verhalten, wenn sie zu wenig oder falsche Informationen zum Experiment erhalten (Rickheit/Strohner 1985, 23f.). Bei empirischen Untersuchungen müssen also nicht nur die Ziele und Motive des Forschers genannt, sondern auch das Verhalten der Probanden als zielgerichtete Tätigkeit berücksichtigt werden, um die Validität der Untersuchungsergebnisse zu erhöhen.

Stiefenhöfers (1986) an der Tätigkeitstheorie orientierte Leseauffassung definiert Lesen als sprachliche Handlung mit einem zweidimensionalen Ziel. Der Leser hat zum einen die Absicht, den Text zu verstehen sowie die Intention des Autors nachzuvollziehen (1. Zieldimension) und ist zweitens bestrebt, das im Text materialisierte Wissen zu nutzen (ibid., 70). Eine Besonderheit der Lesehandlung ist die z.T. sukzessive, z.T. parallel und ineinander verschachtelte Durchführung der Teilhandlungen sowie die geringe Genauigkeit der Zielvorstellungen. Der Leser kann beispielsweise nicht das Erkennen bestimmter Buchstaben oder Wortformen anstreben. Für die erste Zieldimension Nachkonstruktion gibt es Präzisierungsgrenzen, während jedoch für den Tätigkeitszusammenhang (2. Zieldimension) ein genaues Ziel formuliert werden kann (Stiefenhöfer 1986, 71). Mit dieser Auffassung Stiefenhöfers werden die zweidimensionalen Textverarbeitungs odelle der repräsentationalen und der prozeduralen Theorien um die Dimension des Autors erweitert. Damit ist ein speziell für den Leseverstehensprozeß von literarischen Texten geeignetes Modell entworfen.

Aus der Handlungskonzeption des Lesens ergibt sich, daß ein Leser je nach Intention unterschiedlich an einen Text herangehen kann. Diesen Herangehensweisen entsprechen die verschiedenen Leseformen. In der Aufteilung und Definition der Lesestile existieren verschiedene Auffassungen, was sich auch in einer anderen Terminologie niederschlägt. So unterteilt Löschmann (in: Desselmann et al. 1981, 261 ff.) das stille Lesen in synthetisches (extensives) und analytisches (intensives) Lesen. Beim synthetischen Lesen werden noch einmal drei kommunikationsrelevante Realisierungsformen unterschieden: orientierendes, kursorisches und totales Lesen. Die meisten Leseverstehensmodelle beziehen sich auf die beiden letztgenannten Leseformen. Pugh (1978) nennt fünf Arten des Lesestils: "scanning" und "search reading" als zwei Formen des suchenden Lesens, "skimming" als orientierendes Lesen, "receptive reading", das bei Löschmann noch einmal in kursorisches und totales Lesen aufgeteilt ist, und "responsive reading" als argumentatives Lesen (Pugh 1978, 52 ff.; nach Gerhold 1990). Die Übergänge zwischen den einzelnen Lesestilen sind fließend. Ihre Anwendung hängt von den verschiedenen text-, leser- und situationsbedingten Faktoren ab.

Bredella (1980) wendet das kommunikationstheoretische Verstehensmodell auf den Verstehensprozeß literarischer Texte an. Das Verstehen literarischer Texte ist ein aktiver, sinngebender Prozeß, bei dem der Leser sich mit seinem ganzen Vorverständnis sowie seinen Emotionen einbringt (Bredella 1980, 11). Verstehen heißt, in der Interaktion zwischen Text und Leser die im Text dargestellten Handlungen in ihrer Bedeutung und ihren Sinn für die Handelnden und Betroffenen zu erkennen (ibid., 15). Der Verstehensprozeß selbst wird abgeleitet aus der Struktur des Handelns vom Kausalprinzip (Warum geschieht etwas?) und vom Substanzprinzip (Was geschieht?) bestimmt. Bredellas Textverarbeitungsansatz ist in diesem Sinne auch auf den fremdsprachigen Leseprozeß übertragbar, da er den Erfahrungs- und Sinnhorizont des Lesers berücksichtigt und daraus schlußfolgert, daß es mehr als eine einzige richtige Textinterpretation gibt. Gerade im fremdsprachigen Leseprozeß zeigt sich der Einfluß des Leservorwissens auf die Textrezeption ganz deutlich, da hier die Spannung zwischen dem Vorverständnis des Lesers und der im Text dargestellten fiktiven Welt besonders groß ist. Diese Spannung stellt nach Bredella (ibid. 137 ff.) das konstitutive Moment des Verstehens von literarischen Texten dar.

2   Lesen in der Fremdsprache

2.1   Forschungsstand

Das Interesse für das Lesen in der Fremdsprache entwickelte sich allmählich. Vor 1970 waren es hauptsächlich Arbeiten zum Leseverständnis im fachorientierten Fremdsprachenunterricht. Erst in den letzten zehn Jahren wurde das Leseverständnis im allgemeinen Fremdsprachenunterricht beachtet (Lutjeharms 1988b, 137).

Die Forschung zum Lesen in der Fremdsprache war im wesentlichen didaktisch-methodischer Natur. Es erschien eine ganze Reihe von Literatur zur Entwicklung des Leseverständnisses im Fremdsprachenunterricht (z.B. Löschmann 1975; Westhoff 1987; Heringer 1987) sowie zu Unterrichtsmodellen und Lesekursen. Hingegen ist die Zahl der empirischen Arbeiten zum fremdsprachigen Leseprozeß selbst, über seinen Verlauf und seine Charakteristika sowie über die Unterschiede zum muttersprachlichen Lesen eher dürftig zu nennen. Generell wird in diesen Arbeiten vom muttersprachlichen Leseprozeß ausgegangen, was in manchen Fällen jedoch zu einer Nivellierung aller Unterschiede führt (z.B. Westhoff 1987). Man nimmt an, daß im muttersprachlichen Leseunterricht erworbene Fähigkeiten auf das fremdsprachige Lesen übertragen werden, d.h. daß sie bis zu einem gewissen Grade universell sind. Allerdings gibt es bisher wenige Untersuchungen zur Überprüfung der Hypothese von der Existenz einer sprachübergreifenden allgemeinen Lesefähigkeit, wie sie auch von Stiefenhöfer (1986, 80) vermutet wird. Die Übertragbarkeit derartiger Leseuniversalien ist jedoch nur in Abhängigkeit vom Niveau der Fähigkeiten des Lerners in den anderen Formen sprachlichen Handelns gewährleistet (ibid.: 81).

Die umfassendste mir bekannte Arbeit zum Lesen in der Fremdsprache ist von Lutjeharms und erschien 1988 ("Lesen in der Fremdsprache"). Sie untersuchte jedoch nur die niederen Ebenen des Leseprozesses, d.h. die Textverarbeitung auf der Wort- und Satzebene. Forschungen zu den höheren Verarbeitungsprozessen liegen bislang nur in Form von Einzelstudien amerikanischer Wissenschaftler vor. Problematisch bei den empirischen Untersuchungen ist die Wahl der Testmethode. Vor allem in der amerikanischen Literatur wird immer wieder der Cloze-Test (Lückentest) zur Messung des Leseverständnisses angeführt. Er erscheint mir aber, gerade wenn es um satzübergreifende Textverarbeitung geht, wenig geeignet, um aussagekräftige Ergebnisse zu erbringen (Siehe hierzu Abschnitt 2.2.2.1.2.).

Es gibt eine recht umfangreiche amerikanische Forschung zur Textverständlichkeit und Lesbarkeit. Die meisten Arbeiten stützen sich dabei auf

Lesbarkeitsformeln, die nur die quantitativ feststellbaren Oberflächenfaktoren ermitteln und sich darüber hinaus im allgemeinen auf das Englische beziehen (Siehe Abschnitt 2.2.2.1.1.). Die Gültigkeit solcher mechanischen Formeln wird in jüngster Zeit zu Recht immer häufiger angefochten (Vgl. Pudszuhn 1988).

2.2 Spezifika des Leseprozesses in der Fremdsprache

2.2.1 Der fremdsprachige Leser

Wenn es um den Leser in der Fremdsprache geht, ist zuerst einmal zu sagen, daß es sich hierbei um einen Leser handelt, der bereits in mindestens einer Sprache Literalität besitzt. Er verfügt damit über das Sach-, Sprach- und Handlungswissen auf allen Ebenen, die für das Lesen relevant sind. Dieses Weltwissen (Zur Begriffsbestimmung siehe Abschnitt 3.1.) ist beim Leseanfänger in L2 (Fremdsprache) in der Muttersprache manifestiert. Für den Anfängerunterricht hat das zur Folge, daß eine völlige Ausschaltung der Muttersprache nicht möglich ist, da die Bedeutungserschließung zuerst über L1 (Muttersprache) als einzigem Zugang zum Weltwissen erfolgen muß (Vgl. Gerhold 1990). Hinzu kommt aber eine in der Regel geringe Sprachkompetenz in der jeweiligen Fremdsprache, woraus sich für das Lesen in L2 ergibt, daß es in viel stärkerem Maße an sprachliche Aspekte gebunden ist. Seine Lesefertigkeit in der Fremdsprache muß der L2-Leser erst erwerben. Die Übertragung der muttersprachlichen Lesefertigkeit auf die Fremdsprache dürfte hauptsächlich bei sehr unterschiedlicher Schrift (z.B. Deutschlerner mit Arabisch als Muttersprache) behindert werden. "Mit zunehmender Sprachverwandtschaft nimmt die für den Transfer einer muttersprachlichen Fertigkeit erforderliche Sprachbeherrschung ab. [...] Wenn Sprachkompetenz und Vorwissen potentiell für das Textverständnis ausreichen, wird die Lesefertigkeit normalerweise spontan in die Fremdsprache übertragen" (Lutjeharms 1988b, 177). Auch wenn diese Behauptung bislang nicht experimentell gestützt werden kann, so läßt sich doch anhand von Einzelbeobachtungen feststellen, daß z.B. Lerner mit Polnisch als Muttersprache beim Lesen von russischen Texten mühelos ihre Lesefertigkeiten aus der Muttersprache auf die Fremdsprache übertragen können; obwohl es sich um eine andere Schrift handelt. Es ist zu vermuten, daß diese Übertragbarkeit von muttersprachlichen Fertigkeiten auf die Fremdsprache dann auch die anderen Formen sprachlichen Handelns betrifft.

Man nimmt ferner einen Zusammenhang zwischen dem Niveau der Lesefertigkeit in der Muttersprache und in der Fremdsprache an, da auch das Niveau übertragen wird (Lutjeharms 1988b, 178). Ein guter muttersprachlicher

Leser ist potentiell immer auch ein guter Leser in der Fremdsprache. Bei einer mangelnden oder fehlenden Lesekompetenz in L1, wenn es z.b. um den flexiblen Einsatz von Lesestilen geht, wird sich diese in jedem Fall negativ auf das Lesevermögen in L2 auswirken.

2.2.2 Der fremdsprachige Text

2.2.2.1 Verständlichkeit und Textschwierigkeit

Seit frühester Zeit beschäftigte man sich mit der Verständlichkeit vor allem von mündlicher Sprache. Verständlichkeit von Sprache galt im Altertum als Thema für Rhetoren und Rhetorikschulen, und wurde dem Problem der Wirkung, hauptsächlich der Überredung und Überzeugung, zugeordnet. Seit Mitte des 19. Jahrhunderts und dem beginnenden 20. Jahrhundert kam es zu einer systematischen Beschäftigung mit der Verständlichkeit von Sprache. Erstmals wurde die Verständlichkeit geschriebener Sprache zum Gegenstand, und in dem Zusammenhang entstand ein zunehmendes Interesse an einer systematischen Erforschung pädagogischer Fragen (Vgl. Mrazek 1979).

Verständlichkeit wurde als Texteigenschaft verstanden. Bezeichnend für diese Auffassungen sind die in jener Zeit entstandenen Wortstatistiken, z.B. für das Englische von Thorndike (1921), für das Deutsche von Kaeding (1898) und für das Russische von Rubakin (1889). Obwohl es Ansätze zur Untersuchung der Verständlichkeit als Lesereigenschaft gab (z.B. Huey 1908), wurde Verständlichkeit doch vorrangig auf die Texteigenschaften reduziert. Nach den Konzeptionen zur Textverständlichkeit hängt das Verständlichkeitsmaß eines Textes von dem Vorhandensein und der Quantität bestimmter Textmerkmale ab. Dieser Ansatz der Verständlichkeit sforschung entwickelte sich vor allem in den USA mit dem Konzept der Lesbarkeit ("readability") .

2.2.2.1.1 Lesbarkeit und Lesbarkeitsformeln

Die Geschichte der Lesbarkeitsforschung beginnt mit der Aufstellung von Lesbarkeitsformeln, die Ende der 40er und während der gesamten 50er Jahre besondere Beachtung fanden. Inzwischen ist die Anzahl der in den USA erschienenen Arbeiten zur Lesbarkeit und die Vielzahl unterschiedlichster Lesbarkeitsformeln kaum noch überschaubar. Klare gab schon 1963 29 solcher Formeln für die Zeit zwischen 1923 und 1959 an (Klare 1963; nach Laroche 1979). Die ersten Lesbarkeitsformeln basierten auf standardisierten Tests und Thorndikes Häufigkeitsliste für englische Texte (Hansell 1976, 557 ff.). Auf der Grundlage einer formalen quantitativen Bestimmung von lexikalischen und syntaktischen

Textmerkmalen soll der Lesbarkeitswert eines Textes ermittelt werden. Parameter für die meisten Lesbarkeitsformeln sind noch immer die 1852 von Spencer als schwierig ermittelten Textfaktoren (Harris/Jacobson 1979, 391f): durchschnittliche Satzlänge in Wörtern, durchschnittliche Wortlänge bzw. Anzahl langer Wörter und Anzahl seltener Wörter, d.h. der Wörter, die nicht in den Häufigkeitslisten enthalten sind. Ausgehend von diesen Messungen werden die Texte dann in verschiedene Schwierigkeitsklassen eingeteilt. Diese Schwierigkeitsklassen entsprechen häufig den Textsorten, innerhalb einer Textsorte wird nicht differenziert. Die bekanntesten Modelle zur Lesbarkeitsmessung stammen von Lorge (1939), Flesch (1943, 1948, 1954) und Dale und Chall (1948) (nach Lisch/ Kriz 1978).

Neuere Arbeiten machen aber deutlich, daß für fremdsprachige Leser mit thematischem Vorwissen ein komplizierter Fachtext mitunter leichter zu verstehen ist als ein einfacher allgemeinsprachlicher Text (Lutjeharms 1988b, 194). In anderen Untersuchungen wurde herausgefunden, daß lange Wörter und lange Sätze kein Kriterium für Textschwierigkeit sind. Im Deutschen kann z.B. die Ähnlichkeit in der Schreibweise bei kurzen Wörtern die Verstehensschwierigkeit eher erhöhen als die Wortlänge: z.B. er ließ - er liest (Bernhardt 1984, 323). Pearson (1974-75; nach Bernhardt 1984) fand in seinen Experimenten zur Untersuchung des Zusammenhangs zwischen untransformierter Sprache und Verständlichkeit heraus, daß syntaktische Einfachheit nicht unbedingt eine Verstehenshilfe sein muß, sondern ein Hindernis für das Verständnis sein kann:

Beispiel: 1) Because the chain broke, the machine stopped.
              2) The chain broke. The machine stopped.

Im zweiten Satz ist die Kausalrelation nicht deutlich, wodurch das Verstehen erschwert wird (ibid., 324).

Obwohl diese Formeln z.T. noch heute im Fremdsprachenunterricht verwendet werden, wurde ihre Aussagekraft in bezug auf die Textschwierigkeit in letzter Zeit verstärkt angezweifelt. Ungeachtet der Argumente ihrer hartnäckigen Verteidiger ist jedoch die Unbrauchbarkeit der Lesbarkeitsformeln zur Vorhersage des Verständnisses sowie des Schwierigkeitsgrades eines Textes erwiesen.

Der Hauptangriffspunkt liegt erstens offensichtlich darin begründet, daß die Lesbarkeitsformeln Verständlichkeit und Textschwierigkeit als reine Texteigenschaft fassen und von einem abstrakten Durchschnittsleser ausgehen. Der Leser mit seinem Vorwissen, seinen Interessen und Motivationen bleibt unbeachtet. Zweitens erfassen die Formeln nur formalsprachliche Durchschnittswerte. "Der funktionale Zusammenhang von Inhalt, Struktur, Organisation und Sprache eines Textes als eines ganzheitlichen qualitativen Systems wird nicht berücksichtigt" (Nebe 1990, 351). Wortfrequenz und Satzlänge allein stehen aber nicht in einem einfachen Zusammenhang mit Leseschwierigkeiten (Hittleman 1978, 118). Lesbarkeitsformeln sind gekennzeichnet durch eine relative Abwesenheit semantischer und syntaktischer Faktoren (Laroche 1979, 132). Die quantitativen Messungen der Lesbarkeitsformeln ermöglichen daher keine Aussagen zu qualitativen Textparametern, z.B. zum Stil eines Textes. Qualitativ unterschiedliche Texte werden auf der durch Lesbarkeitsformeln ermittelten Rangliste auf einem Niveau eingestuft. Nach dieser Skalierung haben beispielsweise literarische Texte generell ein und dasselbe Schwierigkeitsniveau. Ein dritter Schwachpunkt der Lesbarkeitsformeln ist ihre Sprachspezifik. In der Regel sind sie für eine bestimmte Sprache konzipiert; meistens sind sie nur für das Englische gültig. Sie basieren auf den für Muttersprachler erstellten Häufigkeitslisten. Für Muttersprachler ist die relative Schwierigkeit beim Lesen eines Wortes verbunden mit der Wortfrequenz. Ein solches Konzept ist jedoch nicht ohne weiteres auf die Fremdsprache übertragbar (Laroche 1979, 132). Zusammengefaßt läßt sich zu den Lesbarkeitsformeln sagen, daß sie "a) nicht genügend theoriegeleitet, b) in den empirischen Untersuchungen nicht überzeugend und c) textlinguistisch und vor allem kognitionspsychologisch nicht fundiert genug sind" (Nebe 1990, 351).

2.2.2.1.2 Cloze-Tests zur Messung des Verständnisses

Ende der 50er Jahre wurden die Lesbarkeitsformeln in ihrer Attraktivität vom Cloze-Test abgelöst (Laroche 1979, 131), der 1953 durch Taylor als eine neue Methode zur Bestimmung der Lesbarkeit eingeführt wurde (Hansell 1976, 559). Bei dem Test wird jedes n-te Wort (in der Regel jedes fünfte oder siebente Wort) eines Textes systematisch gelöscht, das dann vom Leser wieder einzusetzen ist. Der Cloze-Test oder Lückentest berücksichtigt eine Interaktion zwischen dem Leser, dem Text und der Lesesituation (Hittleman 1978, 119). Diese Tests erfordern demzufolge immer eine bestimmte Lesergruppe, und die Ergebnisse sind auch nur aussagefähig für ein bestimmtes Lernerniveau, nicht über das Textmaterial. Dadurch wird jedoch die Allgemeingültigkeit der durch Lückentests erzielten Resultate erheblich eingeschränkt. Im Unterschied zu den Lesbarkeitsformeln sollen Cloze-Tests nicht dazu dienen, die Lesbarkeit von Texten vorherzusagen, sondern die Lesbarkeit genau zu messen (Hittleman 1978, 119).

Lückentests werden immer häufiger als Leseverstehenstests eingesetzt. Inwieweit sie jedoch wirklich das Leseverständnis, also die rezeptiven Leistungen überprüfen und nicht auch produktive Fähigkeiten bei der Erzielung der "Treffer" ("scores") mitspielen, ist sehr in Frage zu stellen. Heringer (1984) verweist darauf, daß die Redundanz und die subjektive Informativität des Textes eine Rolle spielen beim Füllen der Lücken. Bei geringer Informativität des Textes werden die Treffer aus dem Vorwissen erzielt. Die Lückentests müßten folglich so ausgebaut werden, daß die erzielten Treffer in Relation zum Vorwissen beurteilt werden können, um die Schwierigkeit eines Textes festzustellen. Das würde einerseits die Möglichkeit der Erhebung des Vorwissens und andererseits eine Theorie der Interaktion von Verstehen und Vorwissen voraussetzen (ibid., 63). Der Versuch, eine solche Theorie aufzustellen, wird von den Schematheoretikern unternommen (Siehe Abschnitt 3.2).

In einigen neueren Arbeiten zum Cloze-Test wird die mechanische Löschung jedes n-ten Wortes problematisiert. Statt dessen wird vorgeschlagen, die Löschung nach bestimmten Kriterien vorzunehmen, z.B. inhaltlicher oder funktionaler Art. Wainman (1979) fand in seinen empirischen Untersuchungen hingegen heraus, daß mechanische und intuitive Löschung von Inhaltswörtern zu den gleichen Resultaten führen. Hier bedarf es noch weiterer Forschung, um die Aussagekraft der Resultate zu untermauern. Problematisch beim Cloze-Test ist ebenfalls die Auswertung der Antworten. Hier steht die Frage, welche Antworten noch in den Akzeptanzbereich fallen. Man sollte dabei beachten, daß es ebenso wie es verschiedene Verständnisarten auch unterschiedliche Möglichkeiten der Formulierung dieser Verständnisse gibt. Bei der Bewertung der Treffer müßte man also von einer richtig-/falsch-Beurteilung zu einer Beurteilung der Angemessenheit bzw. der Akzeptabilität der alternativen Lösungen übergehen.

Der Lückentest bietet in Kombination mit anderen Methoden durchaus die Möglichkeit Verstehensleistungen zu überprüfen und Rückschlüsse auf Verstehensschwierigkeiten zu ziehen. "The cloze procedure is the only available procedure which can take into account, in a natural setting, the constraints of the language system of the reading matter, the reading ability, and other characteristics of the reader, and the background information needed by the reader" (Hittleman 1978, 120).

2.2.2.1.3 Neuere Ansätze der Verständlichkeitsforschung

Die neuere Verständlichkeitsforschung geht von einer Verstehenshandlung als Text-Leser-Interaktion aus. Textverstehen wird als aktiver kognitiver Prozeß der Bedeutungskonstruktion verstanden, der auf simultan und interaktiv ablaufenden text- und wissensgeleiteten Verarbeitungsrichtungen beruht. Textverständlichkeit wird nicht mehr auf die Textmerkmale beschränkt, sondern immer in bezug auf den Leser und seine Verständnisvoraussetzungen gesehen. Diese Auffassung hat zur Folge, daß ein Text nicht absolut einem bestimmten Verständlichtkeitsniveau zugeordnet wird, sondern daß in Abhängigkeit vom Leser verschiedene Niveaus in Frage kommen. Je nach Verständnisvoraussetzungen kann ein Text für einen Leser leicht oder auch schwer verständlich sein (Mandl/Tergan 1983, 57). Bei der Beurteilung von Verstehensleistungen müssen daher immer text- und personengebundene Faktoren in Betracht gezogen werden. Der Einfluß der Textmerkmale auf den Verstehensprozeß wird dabei mit dem Begriff "Textverständlichkeit" und der Einfluß der Lesermerkmale mit "Textverständnis" bezeichnet (Pause 1984, 39).

Die neueren Ansätze von Kintsch/Vipond (1979) und Groeben (1982) konzeptualisieren Verständlichkeit aus prozessualer Sicht auf der Ebene der Verarbeitung, und ziehen für die Verständlichkeitsmessung und Lernerfolgsprognose entsprechende "Prozeßindikatoren" (Mandl/Tergan 1983, 57) heran. Der Schwerpunkt liegt dabei bislang auf empirischen Untersuchungen zu primär textgeleiteten Verarbeitungsprozessen auf der mikroprozessuralen Ebene. Die vorliegende Arbeit befaßt sich vornehmlich mit den wissensgeleiteten Verarbeitungsprozessen, wobei eine Interaktion der beiden Verarbeitungsrichtungen vorausgesetzt wird. Zur Unterscheidung von textgeleiteter und wissensgeleiteter Verarbeitung verweise ich auf die Abschnitte 1.1.3.1. und 1.1.3.2.

2.2.3 *Interaktion Text - Leser in der Fremdsprache: Unterschiede zum Lesen in der Muttersprache und mögliche Störungen*

Die Leseprozesse in der Muttersprache und in der Fremdsprache verlaufen ähnlich. Das darf jedoch nicht zu der Annahme einer Gleichsetzung beider Prozesse verführen, wie es bei einigen Fremdsprachendidaktikern der Fall ist (z.B. Westhoff 1987). Es gibt zum Teil gravierende Unterschiede im engeren Prozeßverlauf, die mitunter auch zu Hindernissen beim Verstehen werden können. Diese sollen im folgenden eingehender erläutert werden.

So bewirken fehlende Sprachkenntnisse auf niedrigen Kompetenzstufen eine stark analytische Lesehaltung infolge einer stärkeren Orientierung auf die textgeleitete Verarbeitung (Pudszuhn 1988, 37), was in manchen Fällen auch ein Übersetzen in die Muttersprache zur Folge haben kann. Barnett (1989, 51) spricht in diesem Zusammenhang von unterschiedlichen Perspektiven, die beim muttersprachlichen Lesen mehr auf die höheren Verarbeitungsebenen und beim fremdsprachigen Lesen mehr auf die niederen Verarbeitungsebenen, z.B. der Dekodierung und der Wortbedeutungsermittlung, gerichtet sind. Interferenzen aus der Muttersprache führen den Leser vor allem in der Anfangsphase häufig zu falschen Schlußfolgerungen. Diese Fehlinterpretationen können auf allen Ebenen der Verarbeitung auftreten: auf der Ebene der Dekodierung, der Wortbedeutungsermittlung, der semantisch-syntaktischen Verarbeitung sowie auf der Ebene der satzübergreifenden Verarbeitung, die mittels inferentieller Verarbeitungsprozesse zur Ermittlung der Textbedeutung führt. Generell ist zu sagen, daß es auf allen Textverarbeitungsebenen Differenzen zwischen erst- und zweitsprachlichem Lesen geben kann, die jedoch vermutlich mit zunehmendem Sprachbeherrschungsgrad geringer werden.

Auf der Ebene der Dekodierung, bei der Buchstaben und Wortformen -jedoch nicht die Wortbedeutungen- identifiziert werden, verfügt der L2-Leser oft über eine geringere Vertrautheit mit sprachtypischen Buchstabenfolgen und Wortformen. So muß er die sprachtypischen Buchstabenfolgen und die formalen, unterscheidungsrelevanten Charakteristika von Worten erst erlernen. Hat er diese Buchstaben- und Wortformschemata einmal erworben, wirken sie wie "visuelle Schablonen" und steuern das Erkennen bestimmter Buchstaben und Wörter (Stiefenhöfer 1986, 45). Der Leser nimmt die graphischen Zeichen visuell wahr. Diese Zeichen unterscheiden sich aufgrund distinktiver Merkmale voneinander. Aus dem Langzeitgedächtnis werden dann die in Frage kommenden Schemata aktiviert und das passende Schema ausgewählt. Ein neues Alphabet oder auch nur einige neue Zeichen, wie z.B. der Umlaut im Deutschen, können anfangs das Verständnis erschweren. Seltene Wörter haben vor allem eine Verlangsamung des Lesetempos zur Folge (Lutjeharms 1987, 242). Bei der Erkennung und Verarbeitung von Wortbedeutungen in der Fremdsprache aktiviert der Leser häufig zuerst die entsprechenden Lexemäquivalente der Muttersprache (Karcher 1985, 24). Konnotative Unterschiede zwischen muttersprachlichem und fremdsprachigem Lexem werden erst auf einem fortgeschrittenen Niveau beachtet.

Die Aktivierung formbezogener Schemata bei der Dekodierung wird begleitet von der Aktivierung inhaltsbezogener Schemata für die lexikalische Verarbeitung. Die Bedeutung der Wortformen wird so aktualisiert. Da jedoch viele Wörter nicht nur eine, sondern mehrere potentielle Bedeutungen haben können, muß die jeweils aktuelle Bedeutung kontextabhängig bestimmt werden. Auch bei der lexikalischen Verarbeitung hat der fremdsprachige Leser in der Regel mit größeren Schwierigkeiten zu kämpfen als der Muttersprachler, da ihm viele Wortbedeutungen in geringerer Merkmalsvielfalt als in der Muttersprache bekannt sind, d.h. die entsprechenden Schemata sind nicht so klar und differenziert (Stiefenhöfer 1986, 87) vorhanden.

Bei der semantisch-syntaktischen Verarbeitung werden Satzschemata eingesetzt. "Dabei evozieren die ersten Worte eines Satzes, vor dem Hintergrund von Häufigkeitserfahrungen, ein bestimmtes Satzschema (data-driven) und stellen damit bestimmte Leerstellen zur Verfügung, für die im weiteren Verlauf nach geeigneten 'fillers' gesucht wird (concept-driven)." (Stiefenhöfer 1986, 49). Auf der Ebene der semantisch-syntaktischen Verarbeitung kommt die syntaktische Verarbeitung stärker zum Tragen als in L1 (Stiefenhöfer 1986, 87), da sie häufiger die semantische Verarbeitung unterstützen muß. Der syntaktische Bereich als Hilfsmittel zum Ausgleich semantischer Defizite oder von Mehrdeutigkeiten ist in

28

L2 von größerer Bedeutung als in L1. Der Fremdsprachenleser ist auf Sprachzusammenhänge, auf den Kontext, angewiesen, um den Sinn vieler Wörter zu erschließen (Ahrens/Swaffar 1987, 103).

Bei der Sinnkonstitution, also auf der Ebene der satzübergreifenden Verarbeitung, muß der Leser eines fremdsprachigen Textes oft durch kontextuelles Raten fehlende lexikalische oder syntaktische Kenntnisse ausgleichen. Das kontextuelle Raten ist ein bewußtes Suchen nach der Bedeutung eines Wortes oder einer Struktur unter Zuhilfenahme des Kontextes, des Vorwissens oder eventueller Hinweise der Wortgestalt (Lutjeharms 1987, 303). Da die im Text versprachlichte Wissenstruktur lückenhaft ist, d.h. es wird nicht alles explizit an der Textoberfläche ausgedrückt, kann die Verarbeitung nur gelingen, wenn auf beiden Seiten des Kommunikationsprozesses Wissen vorhanden ist. Dieses Wissen wird vom Autor in Form von Präsuppositionen mitgedacht, d.h. er setzt ein bestimmtes Wissen beim Leser voraus. Der Leser wiederum setzt sein Wissen bei der Bildung von Inferenzen ein. Diese über den Text hinausgehenden inferentiellen und elaborativen Verarbeitungsprozesse führen zur Herstellung neuer Propositionen und damit des Textganzen. Die Bildung intendierter und/oder elaborativer Inferenzen hängt wesentlich von der Bereitschaft des Lesers ab, sich vom Text zu lösen und das eigene Vorwissen einzusetzen (Stiefenhöfer 1986, 89). Diese Bereitschaft ist bei weniger erfahrenen Lesern eingeschränkt, was in der Tendenz zum analytischen Lesen deutlich wird. Damit verbindet sich dann wiederum, daß kleinere Informationseinheiten verarbeitet werden (z.B. beim "Satz-für-Satz-Lesen"), sich die Lesegeschwindigkeit verringert und größere Textzusammenhänge nicht erschlossen werden können. Auch die reduktive Verarbeitung mit Hilfe sogenannter Makrooperatoren (z.B. Auslassen, Generalisation, Konstruktion, Integration, Selektion und Bündelung) (Kintsch/ van Dijk 1978 nach: Ballstaedt u.a. 1981, 70ff.) wird durch analytisches Lesen behindert und ist ebenso wie die inferentiellen und elaborativen Prozesse vom Vorwissen, von Interessen und Zielsetzungen des Lesers abhängig. Es besteht ein enger Zusammenhang zwischen Inferenzbildung und Textkohärenz. Je weniger kohärent ein Text ist, desto mehr muß durch Inferierung konstruiert werden (Pudszuhn 1988, 42) -und desto größer sind die vom fremdsprachigen Leser zu bewältigenden Schwierigkeiten.

Die Sinnentnahme wird stärker als im muttersprachlichen Leseprozeß durch Schemakenntnisse bestimmt. Die interlingualen Unterschiede der "formalen Schemata" (Strukturwissen, Strategiewissen) können zwar zu inadäquaten Schlüssen führen, entscheidend sind jedoch die differenten "Inhaltsschemata", von denen eine Vielzahl kulturell normiert ist (Lehnert 1980, 85). Diese Inhaltsschemata werden auch als "kulturelle Schemata" bezeichnet (Anderson/Barnitz 1984; Anderson/Steffensen et al. 1982). Die Schematheorie stellt eine Formalisierung der Rolle des Vorwissens beim Sprachverstehen dar:

"That theory holds that any text, either spoken or written, does not carry meaning by itself; rather, a text only provides directions for listeners or readers as to how they should retrieve or construct meaning from their own, previously acquired knowledge. Such knowledge is called the reader's background knowledge; the previously acquired knowledge structures are called schemata " (Carrell 1984c, 332). Diese Feststellung verweist auf eine Vielzahl möglicher Fehlerquellen beim Leseverstehen in der Fremdsprache. Wenn durch den Text Schemata hervorgerufen werden, die sich nicht mit den eigenkulturellen Schemata des Lesers decken, kommt es zu einer "unangemessenen Korrelation von expliziten fremdsprachlichen Textdaten und eigenkulturellen Schemata [...], was zu Verzerrungen des Textverständnisses [...] führt" (Karcher 1985, 27). Solange der Leser also nicht über eine ausreichende "pragmatische Kompetenz" (Schmidt/Richards 1979; nach Karcher 1985, 27) in der Fremdsprache verfügt, wird es immer wieder zu Überlagerungen von fremdsprachigem Text und eigenkulturellen Schemata kommen. Eine weitere Ursache für das Nichtverstehen von Texten kann neben dem Fehlen passender Schemata eine uneffektive bottom-up-Verarbeitung zur Aktivierung der Schemata, die der Leser bereits besitzt, sein (Carrell 1984c, 333).

3   Vorwissen

3.1   Begriffsbestimmung

Da in den verschiedenen Publikationen zum Lesen und Leseverstehen die Auffassungen darüber, was unter "Vorwissen" verstanden wird, teilweise erheblich auseinandergehen, erscheint mir eine genaue Bestimmung des Begriffes, wie er in der vorliegenden Arbeit verwendet wird, unumgänglich.

Der Begriff des Vorwissens wird in vielen Arbeiten recht undifferenziert gebraucht und stützt sich nicht selten auf das allgemeinsprachliche Verständnis des Wortes. Grundsätzlich lassen sich drei unterschiedliche Begriffsverwendungen feststellen. Die umfassendste meint mit Vorwissen das gesamte Hintergrundwissen eines Lesers über Sprache, Texte und Welt, so zu finden bei Bredella (1980), Ehlers (1986, 23; 1987, 32) und Krusche (1985). Der Leser bringt sein gesamtes "Handlungs- und Weltwissen" (Bredella 1979,37) in den Leseprozeß ein. Nach Bredella (ibid.) gelingt das Verstehen dann, "wenn die dargestellten Interaktionen sich in die Vorstellungen des Lesers über sinnvolles Handeln intergrieren lassen". Eine mehr textbezogene Auffassung vom Vorwissen vertreten z.B. Groeben (1982), Johnson (1982), Kußler (1980), Lutjeharms (1988b) und Ballstaedt; Mandl u.a. (1981): Unter Vorwissen verstehen sie das für das aktuelle Satz- und Textverstehen thematische Hintergrundwissen, welches den Erwartungsrahmen für die Rezeption festlegt. Diese Art Vorwissen wird in interkulturellen Vergleichsstudien auch oft als "kulturelles Vorwissen" bezeichnet. Eine dritte Richtung überschneidet sich zum Teil mit den Meinungen der ersten Gruppe. So fassen auch Carrell (1983b) und Hudson (1982) Vorwissen als allgemeines Weltwissen auf, klammern jedoch sprachliches Wissen aus. Mit dieser Spezifizierung des Vorwissens als "nichtsprachliches Wissen" wird zugleich der Gegensatz zur traditionellen Fremdsprachenforschung betont, in welcher der Akzent auf der Sprache lag. Mißerfolge im Verstehen wurden immer auf sprachliche Defizite zurückgeführt. Die neuere Forschung hingegen zeigt vor allem die Bedeutung des Hintergrundwissens im Leseprozeß auf.

Den unterschiedlichen Begriffsbestimmungen entspricht auch die Verwendung verschiedener Benennungen für das Konzept des Vorwissens. Es wird in der deutschsprachigen Forschungsliteratur als "Hintergrundwissen" (Ehlers 1986, Groeben 1982, Vogel 1989), "Vorverständnis" (Bredella 1980) oder auch als "Vorwissen" (Lutjeharms 1988b) bezeichnet. In der englischsprachigen Literatur verwendet man entweder die Bezeichung "background knowledge" (Buchter-Bernhardt 1984, Carrell 1983a, 1983b, Johnson 1982) oder noch häufiger in

Verbindung zur Schematheorie "schemata" (Anderson et al.1982, Carrell 1983a, 1983b, 1984, Hudson 1982, Rumelhart 1975), "frame" (Fillmore 1976/ nach Carrell 1983a, Minsky 1975/ nach Ballstaedt; Mandl u.a. 1981) bzw. "script" (Lehnert 1980, Schank; Abelson 1977/ nach Carrell 1983a). Diese Termini sind nicht identisch in ihren Merkmalen, gehören jedoch alle zur schematheoretischen Orientierung in der Leseverstehensforschung. In den meisten Arbeiten hat sich daher auch der "Schema"-Begriff durchgesetzt (vgl. Kap. 1.1.3.3. u. Kap. 3.2.). Eine klare Definition des Vorwissens fehlt aber in allen Untersuchungen. Ansätze zu einer Begriffsbestimmung findet man bei Groeben (1982) und Lutjeharms (1981). Vogel (1989) präzisiert in seinen Ausführungen die unterschiedlichen Formen des Lernerwissens, das gewissermaßen das Vorwissen in sich einschließt. In Auseinandersetzung mit ihren Auffassungen werde ich im folgenden meine Definition erarbeiten.

Groeben kennzeichnet "Wissen" als "eher statische, relativ überdauernde Strukturen und Relationen innerhalb des Langzeitgedächtnisses" (1982,34). Damit ist jedoch erst eine Form der als Wissen bezeichneten strukturierten Menge von Gedächtnisinhalten erfaßt, nämlich die des deklarativen Wissens. Nach Vogel lassen sich beim Wissen unabhängig von seinem Inhalt eine deklarative und eine prozedurale Form unterscheiden (Vogel 1989, 168 nach Anderson 1980; 1983). Das deklarative Wissen wird als ausschließlich faktisch und statisch bestimmt, womit seine Unabhängigkeit vom kommunikativen Gebrauch gemeint ist. Erst mit Hilfe der im prozeduralen Wissen enthaltenen Regeln werden die Einheiten des deklarativen Wissens in Sprachhandlungen umgesetzt. Dieses Regelsystem gibt an, auf welche Weise das deklarative Wissen verwendet wird. Es ist durch Prozeßorientiertheit und Dynamik charakterisiert. Nimmt man eine inhaltliche Gliederung der Wissensbestände vor, so kann zwischen dem Welt- und Erfahrungswissen auf der einen und dem Sprachwissen auf der anderen Seite differenziert werden.

Was macht nun konkret das Weltwissen und das Sprachwissen aus? Das Welt- und Erfahrungswissen oder, wie es auch heißt, das enzyklopädische Wissen ist das beim Lerner oft schon vorhandene Wissen zum Thema, sein "Hintergrundwissen über die Realität, über die mögliche Struktur von Situationen" (Groeben 1982, 34). In bezug auf literarische Texte zähle ich zum Weltwissen auch das Wissen über die Spezifik literarischer Texte sowie die Erfahrungen im Umgang mit den unterschiedlichen Realisierungsformen von Literatur. Das Weltwissen bildet den notwendigen Hintergrund für jeden Sprachgebrauch. Da es unabhängig von der Sprache gespeichert wird, ist es für die Lernersprache direkt, d.h. ohne Umweg über die Erstsprache, zugänglich (Vogel 1989, 169). Aus der Bindung des Weltwissens an Erfahrungen leitet sich seine sowohl kultur- als auch individuenspezifische Prägung ab. Dieser Aspekt des Weltwissens ist für meine

Untersuchungen von besonderem Interesse, weil ich darin eine Hauptursache für Mißverständnisse in der interkulturellen Kommunikation sehe.

Das Weltwissen ist vom Situationswissen zu trennen, womit die Aufnahme -vor allem visueller- situationsspezifischer Informationen in der konkreten Kommunikation gemeint ist, z.B. Mimik, Gestik, Verhalten des Kommunikationspartners und deiktische Ausdrücke (Klein 1984, 125).

Im Unterschied zum bereits vorhandenen Weltwissen muß der zum Thema passende fremdsprachige Wortschatz erst in der Fremdsprache erworben werden. Zum sprachlichen Wissen gehören Kenntnisse über die verschiedenen sprachlichen Strukturebenen. Es umfaßt folglich die phonetisch-phonologische bzw. graphisch-graphol ogische, die morphologisch-syntaktische und die semantisch-lexikalische Ebene der Sprache. Das sprachliche Wissen des Lerners wird durch seinen Sprachbeherrschungsgrad wiedergegeben.

Für beide Wissensbereiche nimmt man gleichermaßen eine Unterteilung in deklarative und prozedurale Gedächtnisinhalte an, d.h. eine getrennte Speicherung von Faktenwissen und Regelwissen (Vogel 1989, 194).

Versucht man nun, dem Weltwissen und dem Sprachwissen jeweils einen Funktionsbereich im Textverarbeitungsprozeß zuzuweisen, so läßt sich feststellen, daß sprachliches Wissen hauptsächlich für den Aufbau der Mikrostruktur -also der Phonem-, Wort- und Satzebene- des Textes verantwortlich ist. Das Weltwissen hingegen ist für das Verständnis des Textes als Ganzes, für die Herstellung der Makrostruktur des Textes notwendig. Indem der Leser seine vorhandenen Wissensbestände aktiviert und integriert, ist es ihm möglich, implizite Textinformationen durch schlußfolgerndes Lesen zu ermitteln. Für den fremdsprachigen Leser ist dieses nichtsprachliche Wissen besonders wichtig, da es gegebenenfalls zur Kompensation fehlenden sprachlichen Wissens genutzt werden kann. Damit wird deutlich, daß die oben vollzogene Aufgabenteilung zwischen Weltwissen und Sprachwissen nur einer oberflächlichen Gliederung entspricht. Prinzipiell muß betont werden, daß beide Arten von Kenntnissen voneinander abhängig sind und es grundsätzlich nicht möglich ist, sprachliches Wissen vom Weltwissen klar abzugrenzen. Wettler (1980, 2f.) macht das an einem einfachen Beispiel plausibel:

1) Die Bäuerin verkaufte die Kuh, weil sie Geld brauchte.
2) Die Bäuerin verkaufte die Kuh, weil sie keine Milch mehr gab.

Die beiden Sätze sind in ihrer syntaktischen Struktur weitgehend identisch. Jeder des Deutschen mächtige Leser wird ihren Inhalt so verstehen, daß sich das Pronomen "sie" in (1) auf die Bäuerin und in (2) auf die Kuh bezieht. Für die Bestimmung des jeweils verschiedenen Referenten genügen rein sprachliche Kenntnisse jedoch nicht, sondern es müssen weitere Wissensinhalte benutzt werden, z.B. solche Kenntnisse, daß Menschen Geld brauchen und Tiere nicht, daß eine Kuh ein Tier ist und daß Menschen Kühe halten, weil sie u.a. Milch geben. Wettler kommt in dem Zusammenhang zu der Feststellung, "daß einfach und selbstverständlich scheinende sprachliche Leistungen nur auf der Grundlage von Wissen von der Welt möglich sind, das mit der jeweiligen Sprache nichts oder nur wenig zu tun hat" (Wettler 1980, 4). Das Verstehen einer sprachlichen Information hängt somit wesentlich von der Verfügbarkeit relevanten Hintergrundwissens ab. Erfolgreiche Kommunikation kann es also nur geben, wenn die Kommunikationsteilnehmer nicht bloß dieselbe Sprache sprechen, sondern darüber hinaus auch über gemeinsame Bestände an Weltwissen verfügen. Diese wechselseitige Abhängigkeit von Sprachwissen und Weltwissen bedeutet mit anderen Worten, "daß Sprache ohne Weltwissen (inhalts)leer bleiben müßte, während Weltwissen ohne Sprache stumm bliebe " (Vogel 1989, 183f.).

Das enge Zusammenspiel von Weltwissen und sprachlichem Wissen beim Leseverstehen belegt auch eine Untersuchung von Hühn (1979), in der er eine hohe Korrelation zwischen der Beurteilung der sprachlichen und der inhaltlichen Verständlichkeit von englischen literarischen Texten ermitteln konnte. Zu ähnlichen Beobachtungen kommt auch Vogel (1989, 171), wenn er feststellt, daß ein fremdsprachiger Text sprachlich als schwierig eingestuft wird, wenn er auch inhaltlich schwer zu verstehen ist und umgekehrt.

Das Problem im Fremdsprachenunterricht mit erwachsenen Lernern ist oft, daß die Lerner über das Vorwissen zum Thema verfügen, ihnen aber der notwendige Wortschatz zur "Versprachlichung" ihres Wissens fehlt. Dieser Schwierigkeit dürfte man vor allem im Fachsprachenunterricht begegnen. Man kann daher nicht ohne weiteres von mangelnder Sprachbeherrschung auf fehlendes Wissen schließen. Die schwierige Aufgabe besteht darin herauszufinden, ob z.B. falsches Textverständnis auf Lücken im sprachlichen Wissen oder auf Unkenntnis der dargestellten Zusammenhänge zurückzuführen ist.

Im Zusammenhang mit dem Vorwissensbegriff steht nun die Frage, welche Wissensinhalte dieser Begriff umfaßt. Die Auffassungen darüber, ob sprachliches Wissen, wie ich es in meinen obigen Ausführungen beschrieben habe, dazugezählt werden kann oder nicht, gehen auseinander. Lutjeharms und Groeben stimmen darin überein, daß es sich beim Vorwissen um nichtlinguistische Faktoren handelt, die das Textverstehen steuern (Lutjeharms 1988b, 113, Groeben 1982, 32). Wie ich bereits hervorgehoben habe, ist eine strikte Trennung zwischen sprachlichem und Weltwissen ohnehin nicht möglich. Doch möchte ich in meiner Studie von einem überwiegend auf das Welt- und Erfahrungswissen beschränkten Vorwissensbegriff ausgehen, da ich annehme, daß diese Wissensinhalte den wichtigsten Einzelfaktor bei fortgeschrittenen Lesern im fremdsprachigen Leseprozeß darstellen. Sie ermöglichen dem Leser, Schlußfolgerungen zu ziehen, die über die expliziten

Informationen an der Textoberfläche hinausgehen, wodurch die Verbindung zwischen sprachlicher (Text-)Welt und außersprachlicher Realität hergestellt wird. Anhand solcher Schlußfolgerungen des Lesers ist auch der Einfluß des Vorwissens im Leseverstehensprozeß überprüfbar; nämlich dann, wenn der Leser sich an mehr zu erinnern glaubt, als eigentlich im Text gesagt wurde (Groeben ibid.,32). Oft wurde experimentell festgestellt, daß es vom Vorwissen als Weltwissen abhängt, welche Informationen dem Text entnommen und wie diese interpretiert werden (z.B. Steffensen et al. 1979) bzw. welche Erwartungshaltung der Leser einnimmt (z.B. Anderson et al. 1982). Zu ähnlichen Beobachtungen kam ich auch in meinen Lektürekursen mit fortgeschrittenen Deutschlernern: Trotz eines annähernd gleichen Sprachbeherrschungsgrades wichen die einzelnen Rezeptionsleistungen teilweise erheblich voneinander ab. Die sich an die Lektüre des jeweiligen literarischen Textes anschließenden Diskussionen bestätigten meine Vermutung, daß hauptsächlich kulturell unterschiedliche Erfahrungen für die verschiedenen Leseweisen eines Textes verantwortlich sind. Daher scheint es mir auch gerechtfertigt zu sein, sprachliches Wissen aus dem Vorwissensbegriff auszuschließen, vor allem dann, wenn es wie in der vorliegenden Untersuchung um fortgeschrittene Lerner/ Leser und ihre Rezeption von literarischen Texten geht.

Wissen wird in sprachlich repräsentierter oder repräsentierbarer Form im Langzeitgedächtnis gespeichert. Dabei enthält das semantische Gedächtnis regelhaftes Wissen von der Welt und das episodische Gedächtnis individuelle Erlebnisse (Mandl; Spada 1988, 63). Die in den letzten zwanzig Jahren entwickelten Modelle zur Repräsentation des Wissens suggerieren eine sprachliche Kodierung. Mandl/ Spada (ibid.) verweisen jedoch darauf, daß nicht alle Gedächtnisinhalte in sprachlicher Form kodiert werden. Allgemein kann von einer dualen Repräsentation von Gedächtnisinhalten ausgegangen werden, derzufolge nichtverbale Informationen in bildlich-anschaulicher Form im imaginalen Gedächtnis und verbale Informationen in begrifflich-logischer Form im mentalen Gedächtnis gespeichert werden (Vogel 1989, 167). Die Existenz und die Wechselwirkung dieser beiden Repräsentationsformen des Wissens im Gedächtnis konnte experimentell nachgewiesen werden (siehe Vogel ibid.).

Die Vorstellungen von der Repräsentation und Verarbeitung des Wissens sind an Modelle gebunden, z.B. Merkmals-Modelle, propositionale bzw. Netzwerk-Modelle und schematheoretische Modelle. Da sich Merkmalsmatrizen in Netzwerke überführen lassen, konkurrieren die beiden erstgenannten Modelle nicht miteinander (Groeben 1982, 35). Gemeinsam ist allen theoretischen Modellen, daß sie von einer kategorialen und hierarchischen Organisation des Wissen ausgehen. Die Repräsentation auf der Grundlage von Schemata ist Gegenstand meiner Darlegungen in 1.1.3.3. und in 3.2.

Aus der Tatsache, daß das Vorwissen im menschlichen Gedächtnis gespeichert wird, folgt außerdem, daß es individuell verschieden ist. Es bildet den individuellen Erfahrungshintergrund des Lesers. Daraus leitet sich gleichzeitig seine kulturelle Gebundenheit ab, wie es Anderson et al. folgendermaßen formulieren: "(...) culture influences knowledge, beliefs, and values; and (...) knowledge, beliefs, and values influence comprehension processes." (1982, 354). Insofern läßt sich Vorwissen als "kulturelles Vorwissen" spezifizieren.

Lutjeharms (1988b, 114 nach Schmidt 1976, 94) differenziert Vorwissen und Präsupposition. Unter Präsupposition versteht sie eine spezielle textbezogene Art des Vorwissens, die den jeweiligen Erwartungsrahmen des Lesers auf der semantischen Ebene festlegt. Präsuppositionen in diesem Sinne sind die in Propositionen explizierbaren gemeinsamen Voraussetzungen von Leser und Verfasser. Sie sind damit Grundbedingung für das Gelingen der Informationsaufnahme. Mir geht es jedoch in meiner Begriffsbestimmung des Vorwissens nicht nur um die gemeinsamen Wissensvoraussetzungen von Autor und Leser, sondern auch um das durch die eigenkulturelle Prägung andere Wissen des fremdsprachigen Lesers und seinen Einfluß auf die Textrezeption. Darüber hinaus gibt es in der Logik und Semantik bereits eine eindeutige Begriffsbestimmung für die Präsupposition. Aus diesen Gründen distanziere ich mich von dem bei Lutjeharms verwendeten Präsuppositionsbegriff und verwende hier die Bezeichnung Vorwissen für die thematischen Gedächtnisstrukturen, die der Leser für das aktuelle Satz- und Textverstehen mitbringt. Vorwissen meint also immer Bekanntes, Vertrautes in bezug auf einen konkreten Text, im Unterschied zum allgemeinen, zum Weltwissen des Lesers.

Zusammenfassend definiere ich "Vorwissen" wie folgt:
Vorwissen sind die im semantischen Gedächtnis gespeicherten und abrufbaren, nichtlinguistischen und extratextuellen, individuell und kulturell geprägten, textbezogenen Gedächtnisstrukturen des Lesers, die seinen Erwartungsrahmen festlegen und ihm Elaborationen ermöglichen.

Wenn in der vorliegenden Untersuchung überwiegend von kulturellem Vorwissen die Rede ist, dann soll damit betont werden, daß es hierbei um interkulturelle Unterschiede in der Rezeption von literarischen Texten geht. Wie bereits in der obigen Definition herausgearbeitet wurde, ist Vorwissen immer auch kulturell geprägt. "Da das Individuum das zur Lebensbewältigung notwendige Wissen nicht ererbt hat, muß die Kultur ihm dieses Wissen vermitteln und dafür Sorge tragen, daß er aufgrund des erworbenen Wissens adäquat handeln kann." (Mandl; Spada 1988, 333) Kultur und Wissen hängen also unmittelbar zusammen. Die Analyse von Vorwissenseinflüssen kann folglich gar nicht losgelöst vom kulturellen Hintergrund erfolgen, da kulturelles und individuelles Wissen einander entsprechen (Mandl; Spada 1988, 352).

3.2 Die Rolle des Vorwissens als Schemakenntnis

Der Terminus "Schema" wurde von Bartlett (1932) in die Psychologie eingeführt. Bartlett selbst übernahm ihn von Head (1920/ nach Rumelhart 1980, 33). Es wird jedoch allenthalben betont, daß es Immanuel Kant war, der 1781 in seiner "Kritik der reinen Vernunft" den begrifflichen Inhalt des Terminus bereits vorwegnahm. Er verwies darauf, daß neue Ideen nur dann eine Bedeutung für das Individuum haben, wenn sie mit etwas verbunden werden können, das das Individuum schon kennt (nach Carrell 1984c, 332).

Damit ist zugleich der Grundgedanke der Schema-Theoretiker angesprochen: Informationen können nur verstanden werden, wenn die neuen Erfahrungen mit einer vorhandenen Wissensstruktur verbunden werden können. Das Schema stellt den Rahmen für die Interpretation und Einordnung von neuen Informationen dar und wirkt damit verstehensichernd. Der Verstehensprozeß aus schematheoretischer Sicht wird vom Prinzip geleitet, daß jede Eingabe mit einem existierenden Schema verglichen wird und daß diese Eingabe mit den Bestandteilen des aktivierten Schemas kompatibel sein muß. Aus diesem Prinzip leiten sich zwei Grundrichtungen in der Informationsverarbeitung ab: "bottom-up" und "top-down". Durch die bottom-up-Verarbeitung (auch text-, daten- oder aufsteigende Verarbeitung) werden die Daten zur Ausfüllung eines Schemas verfügbar gemacht und Vorwissen aktiviert oder bereitgestellt. Sie sichert, daß der Leser für neue Informationen aufnahmebereit wird. Die top-down-Verarbeitung (auch wissensgeleitete oder absteigende Verarbeitung) setzt ein, wenn der Leser, gesteuert durch sein Schemawissen, allgemeine Voraussagen bezüglich der zu erwartenden Informationen trifft und dann die Eingaben nach Informationen absucht, die in das entsprechende Schema eingeordnet werden können. Sie hilft dem Leser, Ambiguitäten zu lösen, d.h. zwischen alternativen Interpretationen der Eingangsdaten zu selektieren (Carrell 1984c, 33). Gelingt es dem Leser nicht, ein passendes Schema zu aktivieren, kann es zu verschiedenen Graden von Nichtverstehen kommen. Ohne adäquate Wissensstrukturen -ohne Vorwissen- gibt es kein Verstehen. "Der Leser muß immer auf sein Vorwissen zurückgreifen, um Sachverhalte für sich eindeutig zu machen, Kohärenzlücken zu schließen, Unvertrautes in Vertrautes überzuführen und eine plausible Interpretation für Mehrdeutiges und Unklares zu geben" (Mandl 1981, 6). Ergibt die neue Information keinen Sinn in Form eines Schemas beim Leser, dann wird das Material anders verstanden oder ignoriert oder die Schemata werden überarbeitet, um neue Fakten einzufügen (Barnett 1989, 42).

Schemata sind im Gedächtnis gespeicherte nichtsprachliche Wissenstrukturen, die aufgrund von Erfahrungen erworben und erweitert werden. Sie repräsentieren typische Zusammenhänge über verschiedene Bereiche der Realität, d.h. Wissen über Gegenstände, Zustände, Handlungen und Ereignisse (Vgl. Mandl 1981, 6). Diese Wissensstrukturen werden im Leseprozeß aktiviert und ermöglichen dem Leser, Hypothesen über den Text zu bilden bzw. zu überprüfen. Im Verstehensprozeß können diese Organisationseinheiten des Wissens sowohl aufgebaut als auch verändert werden. Sie sind damit dynamische und aktive Systeme. Die einzelnen Schemata sind im Gedächtnis hierarchisch organisiert in unter- und übergeordnete Schemata. Diese Hierarchie ist jedoch keine logische Ordnung, sondern eine "erfahrungsmäßig gegebene Verschachtelung von Wissensbeständen" (Mandl 1981, 28). Je nach Umfang der individuellen Erfahrungen sind die Schemata der Hierarchie unterschiedlich komplex. Repräsentiert wird diese Hierarchie in semantischen Netzwerken, wobei das einzelne Schema ein Teilnetzwerk ist.

Legt man für den Aufbau eines Schemas sowie für die Verbindung mehrerer Schemata untereinander im Gedächtnis eine Netzwerkstruktur zugrunde, so müßten sich sowohl die Bestandteile eines einzelnen Schemas als auch die mit dem jeweiligen Schema verbundenen "benachbarten" Schemata durch Assoziationen ermitteln lassen, da es sich um miteinander verknüpfte Bewußtseinsinhalte handelt. Diese Überlegungen werden in den Tests genutzt, um das Vorwissen der Versuchspersonen zu bestimmten Konzepten aus den Testtexten zu erfassen. Carrell (1984c) schlägt Wortassoziationsaufgaben vor um festzustellen, was die Studenten über ein Schlüsselkonzept wissen. Umgekehrt können nach Ausubel (1960) auch sogenannte "advance organizers" im Rahmen von "prereading activities" eingesetzt werden, um über Schlüsselwörter für das Textverständnis wichtige Konzepte -Schemata- zu aktivieren. In meiner Untersuchung werde ich unter anderem der Frage nachgehen, inwieweit diese Form der Vorbereitung auf die Textlektüre die Rezeptionsleistungen beeinflußt und ob Assoziationsaufgaben eine geeignete Methode zur Erfassung von Vorwissen darstellen. Rumelhart (1980, 40f./ Übers.: S.Stern) gibt folgende Merkmale von Schemata an:

1) Schemata haben Variablen: So besteht z.B. das oft zitierte Restaurant-Schema aus Personen- und Charaktervariablen (Kunde, Kellner, Koch), Objektvariablen (Tische, Stühle, Essen etc.) und Zielvariablen (Aktion, Ziel, Plan).

2) Schemata können ineinander eingebettet sein: Zu einem Schema sind mehrere Subschemata möglich, die diesem in der Hierarchie untergeordnet sind.

3) Schemata repräsentieren Wissen auf allen Abstraktionsniveaus: Es gibt konkrete und abstrakte Schemata mit unterschiedlichen Abstraktionsstufen.

4) Schemata repräsentieren eher Wissen als Definitionen: Das heißt die Eigen schaften eines Schemas können in Anhängigkeit von den individuellen Erfahrungen der Person variieren; sie sind nicht zwingend notwendig.

5) Schemata sind aktive Datenverarbeitungseinheiten: Sie regeln den Verstehens prozeß.

6) Schemata sind Erkenntnismittel, deren Verarbeitung darauf gerichtet ist zu bestimmen, inwieweit sie sich für die zu verarbeitenden Daten eignen. Zu ergänzen wäre noch die Eigenschaft, daß Schemata aufgrund der Variabilität bestimmter Merkmale Leerstellen ("slots") aufweisen, die durch spezifische Informationen oder mit Standardwerten belegt werden können (Mandl/ Spada 1988, 125).

Der Verstehensprozeß gliedert sich nach schematheoretischer Sicht in zwei Grundprozesse: die Schemaidentifikation als datengetriebene Verarbeitung und die Schemaanwendung als konzeptgesteuerte Verarbeitung. Innerhalb dieser Phasen erfüllen die Schemata verschiedene Funktionen, die zur Informationsverarbeitung beitragen (Graesser 1981; Rickheit/ Strohner 1985; Steffensen et al. 1979):

- *Hypothesenfunktion*: Schemata dienen der Generierung von Erwartungen über den Textinhalt.
- *Selektionsfunktion*: Schemata steuern die Auswahl relevanter Informationen und lenken die Aufmerksamkeit auf Textstellen, wo Teile des Schemas erwartet werden.
- *Integrationsfunktion:* Die so aufbereitete Information geht in vorhandene Schemata ein, die Verbindung mit Bekanntem wird hergestellt oder die neuen Informationen werden zu einem neuen Schema verbunden.
- *elaborative Funktion*: Schemata dienen als Basis für das Füllen von Leer stellen im Text; durch Inferenzen wird eine kohärente Interpretation ermög licht. Dabei spielen die elaborativen Inferenzen (auch: Elaborationen) im Rezeptionsprozeß von literarischen Texten eine besondere Rolle. Ihre Bildung ist zur Sicherung der Textkohärenz nicht unbedingt notwendig. Sie stellen jedoch das kreative Moment bei der Verarbeitung eines literarischen Textes dar, indem der Leser mit Hilfe seines Vorwissens bestimmte Schemata aktiviert werden, die nicht unbedingt vom Autor intendiert gewesen sein müssen. Durch diese Elaborationen werden erst die unterschiedlichen leserabhängigen Bedeutungskonkretisationen ermöglicht.
- *Interpretationsfunktion*: Schemata beeinflussen den Abruf erworbenen Wissens und liefern damit das Hintergrundwissen für die zu verarbeitenden Informa tionen. Sie sichern die Interpretation mehrdeutiger Passagen.

Für das Verstehen einer Textpassage sind immer mehrere Schemata notwendig. Die einzelnen Schemata müssen folglich miteinander kommunizieren.

Die schematheoretische Forschung unterscheidet zwei Grundformen von Schemata: Inhalts- und Formschemata. Inhaltsschemata umfassen das bezüglich der Textinhalte relevante Vorwissen. In Formschemata ist das Vorwissen über konventionelle Strukturen von Texttypen enthalten (Carrell & Eisterhold 1983, 560). Hierzu gehört z.B. auch das Wissen über die Spezifik literarischer Texte.

Formschemata wurden bislang vor allem am Beispiel der Geschichten-Schemata ("story schema" oder "story grammar") untersucht (z.B. Rumelhart 1975). Den unterschiedlichen Einfluß von Inhalts- und Formschemata auf das Leseverstehen untersuchte Carrell (1983) in einer Studie.

Mit der Untersuchung von Inhalts- und Formschemata verbunden ist auch die Frage, welche der Schemata kulturspezifisch und welche von ihnen universal oder interkulturell sind. Verbindliche Aussagen konnten dazu bisher noch nicht getroffen werden. Vor allem zu den formalen Schemata gibt es sehr wenige Studien. Ergebnisse aus Untersuchungen zur Kulturspezifik von Inhaltsschemata sind mitunter sehr fragwürdig, da sie häufig mit Testtexten arbeiten, deren vordergründige kulturelle "Ladung" nur allzu offensichtlich ist (z.B. Steffensen et al. 1979: Texte über eine indische bzw. amerikanische Hochzeit). Aufgrund der Tatsache, daß es sich bei Schemata um individuelle Wissensstrukturen handelt, die von Person zu Person unterschiedlich sein können, muß ein fehlendes Schema nicht zwangsläufig auf dessen Kulturspezifik verweisen. Vielmehr belegen Untersuchungen mit monokulturellen Gruppen, daß es auch innerhalb einer Kultur große Differenzen im Vorwissen geben kann, die Verständnis und Textwiedergabe beeinflussen. Die gleichen Unterschiede werden auch unter Fremdsprachenlernern angenommen, wodurch natürlich die Untersuchung des kulturellen Vorwissens im Leseverstehensprozeß erheblich erschwert wird. "Even if whole groups or subgroups of ESL readers can be shown to lack an appropriate content schema, this still would not necessarily mean that the schemata are culture-specific, unless it can also be demonstrated that members of different cultural groups or subgroups generally possess the relevant schemata. In other words, the situation is not as simple as are culture-specific; we must allow for subgroups and individual differences among content schemata." (Carrell 1983a, 90)

In den letzten zehn Jahren wurde die anfängliche Euphorie der Schema-Theoretiker durch einige kritische Töne gedämpft. Thorndike/ Yekovich (1980) bewerteten die Schema-Theorie hinsichtlich Plausibilität, Beschreibung, Vorhersagbarkeit und Überprüfbarkeit. Sie fanden heraus, daß die Theorie wohl den ersten beiden Anforderungen gerecht wird, jedoch hinsichtlich Vorhersagbarkeit und Überprüfbarkeit noch erhebliche Mängel aufweist. Die Schematheorie kann zwar Ergebnisse post hoc erklären, ist aber zu wenig spezifisch, um genaue Vorhersagen für die Resultate von Verarbeitungsprozessen treffen zu können. Kritisiert wird ebenfalls, daß die Entstehung und Veränderung von Schemata in Lernprozessen unzureichend geklärt ist, da es an empirischen Belegen für die Entstehung von Schemata unter kontrollierten Bedingungen fehlt. Hauptangriffspunkt ist dabei, daß die Aussagen der Schematheorie wegen ihrer Vagheit nicht zu falsifizieren sind, d.h. es bleiben empirisch bislang nicht unterstützte Vermutungen. Thorndike/ Yekovich begründen das in theoretischen

Mängeln: Es fehlen genaue Aussagen über das Wissen, für das Schemata existieren und genutzt werden sowie über die Prozesse, die mit den Schemata arbeiten. Nach Meinung von Thorndike/ Yekovich ist die Schematheorie damit unvollständig, aber nicht ungenau. Sie bedarf noch weiterer Entwicklung (1980, 39ff.). Auch Mandl (1981, 7) und Ballstaedt/ Mandl (1981, 30) kritisieren vor allem die schwer überprüfbare Aktivität der Schemata. Die Ursache sehen sie in begrifflichen Schwächen, da es keinen eindeutigen Schema-Begriff gibt: Ein Schema ist Konzept, Wissensstruktur, Prozeß, Rahmen und Erwartungsstruktur. Der Begriff wurde nach Auffassung von Mandl (ibid.) zum "Deus ex machina" der Kognitionspsychologie stilisiert. Barnett (1989) hebt kritisch hervor, daß die konkrete Arbeitsweise der Schemata im jeweiligen Verstehensakt schwer zu bestimmen ist, weil die Anzahl von Details aus einem Schema für das Verstehen einer Situation unterschiedlich ist, da ein ganzes Netz von Schemata dafür notwendig ist und weil jeder Leser unterschiedliche Schemata aktiviert (1989, 43).

Diese kritischen Punkte weisen die Richtung für eine weitere Forschung zur Schematheorie in der Zukunft. Es bleibt jedoch die Frage, wozu die Schematheorie auf ihrem jetzigen Stand dienen kann. Im Unterschied zu den Merkmals- und Netzwerk-Modellen, die nur die Organisation kategorialen Wissens, d.h. einzelne Begriffe und ihre Beziehungen untereinander, erfassen, bildet das Modell der Schematheorie komplexere Wissensstrukturen ab. Es umfaßt die Abbildung des Wissens über typische Zusammenhänge in der Realität, über stereotype Ereignis- und Handlungssequenzen und liefert so einen umfassenden Beschreibungsrahmen für die Repräsentation des Weltwissens im Gedächtnis. Die traditionelle Sicht auf das Verstehen in der Fremdsprache legte den Nachdruck ausschließlich auf die Sprache, indem Verstehensfehler immer durch spachliche Fehlleistungen begründet wurde. Das Verdienst der Schematheorie besteht darin, den Leser mit seinem Vorwissen in den Mittelpunkt des Forschungsinteresses gerückt zu haben. Textverstehen wird als ein interaktiver Prozeß zwischen dem Vorwissen des Lesers und dem Text verstanden. Texte sind nicht von sich aus schon bedeutungtragend, sondern geben dem Hörer/ Leser nur Richtlinien, wie er mit Hilfe seines eigenen erworbenen Wissens Bedeutung finden oder konstruieren kann. Dieses Wissen wird Vorwissen genannt; die dazugehörenden Wissensstrukturen bezeichnet man als Schemata (Vgl. Carrell 1984c, 332). Der Erklärungswert der Schematheorie besteht darin, daß sie die für das Textverstehen wesentlichen kommunikativen Fähigkeiten des schlußfolgernden und des voraussagenden Lesens mit Hilfe des Einsatzes von Schemata als Vorwissensstrukturen beschreibt. Zugleich werden theoretische Belege für die Behauptung angebracht, daß für eine erfolgreiche Kommunikation Sprecher/ Schreiber und Hörer/ Leser über gemeinsame Wissensinhalte verfügen müssen. Die Schematheorie liefert ein erklärendes Modell für den Einfluß des

Vorwissens im Leseverstehensprozeß - mehr kann sie auf ihrem derzeitigen Entwicklungsniveau nicht leisten.

3.3 Zusammenhänge zwischen kulturellem Vorwissen und Leseverstehen

3.3.1 Ergebnisse bisheriger Untersuchungen

Das vor allem in der amerikanischen Forschung neben dem immer noch populären Cloze-Test zweifellos häufigste Verfahren zur Ermittlung von Rezeptionsleistungen ist die freie Textwiedergabe ("free recall protocols"). Die Versuchspersonen werden dabei unmittelbar nach der Textlektüre gebeten, den Inhalt des Gelesenen -in der Regel schriftlich- so detailliert wie möglich wiederzugeben. Diese am wenigsten instrumentelle Erhebungsart ist wegen ihrer Spontanität und Ungelenktheit besonders störanfällig und dehalb nur von begrenzter Validität. Größter Störfaktor ist sicherlich die Sprachkompetenz bzw. -inkompetenz der Testpersonen. Wiedergabeprotokolle setzen beim Rezipienten mindestens eine gute Verbalisierungsfähigkeit voraus. Da dies jedoch nicht in jedem Fall gleichermaßen gegeben ist, kann es aufgrund mangelnder sprachlicher Fähigkeiten zu Verzerrungen, Hemmungen oder Auslassungen in der Textwiedergabe kommen (Vgl. Groeben 1980, 78ff.). Zudem beziehen sich solche Tests häufig auf ein lückenloses Textverständnis. Betrachtet man Textverstehen von literarischen Texten jedoch als einen Sinngebungsprozeß, in dem erst durch den Leser Bedeutung hergestellt wird, kann es kein einzig richtiges Verständnis geben. Die Ergebnisse solcher Tests sind daher mit einigen Vorbehalten zu betrachten. Die amerikanischen Untersuchungen wurden in den meisten Fällen mit Zweitsprachenlernern, selten mit Fremdsprachenlernern durchgeführt.

Steffensen et al. (1979) ließen ihre amerikanischen und indischen Versuchspersonen Texte über eine indische und eine amerikanische Hochzeit lesen und anschließend wiedergeben. Sie testeten dabei die Lesezeit, die Zahl der wiedergegebenen Textelemente, die Zahl der wiedergegebenen wichtigen (d.h. der Informationen mit kontrastiver kultureller Bedeutung) und unwichtigen Textinformationen und die Zahl der Modifikationen des Textinhaltes in den Wiedergaben. Die Untersuchungsergebnisse bestätigten die Hypothesen: Texte der eigenen Kultur wurden in kürzerer Zeit gelesen; es wurden mehr Informationen aus den Texten der eigenen Kultur wiedergegeben; es kam zu mehr Elaborationen und zu weniger Verzerrungen oder Störungen bei diesen Texten und in Abhängigkeit von der Kultur wurden unterschiedliche Informationen für wichtig bzw. unwichtig angesehen. Es wurde hauptsächlich das wiedergegeben, was bekannt ist, Unbekanntes wurde in ein bekanntes Schema gepreßt. Damit scheinen die erzielten

Ergebnisse allgemein vereinbar mit der Schematheorie. Der genaue Mechanismus, der für diese Effekte verantwortlich ist, wurde jedoch nicht deutlich. Zudem provozieren derartig kulturlastige Texte geradezu diese meiner Meinung nach zu eindeutigen Ergebnisse.

Zu etwas anderen Beobachtungen kam Lutjeharms (1988b). Sie stellte bei ihren Studenten fest, daß diese ihr Vorwissen nicht einsetzten, wenn sie sich durch einen zu schwierigen Text (Zeitungsartikel) überfordert fühlten. Als Folge dessen konzentrierten sie sich nur noch auf die äußere Wortform oder begannen ohne Berücksichtigung des Textes schemageleitet zu raten (1988b, 291f.). Daß Vorwissen auch hemmend wirken kann, belegt sie anhand von Beispielen, in denen der Einsatz falscher Präsuppositionen oder das Fehlen bestimmter Präsuppositionen zu falschen Inferenzen oder zum Übergehen von Informationen führte (1988b, 294). Vorwissen kann also auch Fehldeutungen zur Folge haben, wenn der Leser zu stark wissensgeleitet verarbeitet. Umgekehrt kann Vorwissen bei richtigem Einsatz die Sinnentnahme erleichtern und beschleunigen; fehlendes Vorwissen erschwert die Erkennung der Textkohärenz.

Anderson et al. (1982) stützen mit ihren Versuchen die Auffassung, daß Vorwissen die Erwartungshaltung auf der semantischen Ebene bestimmt und so auch den Kontext für das Verstehen bzw. die Interpretation liefert. Sie ließen schwarze und weiße Schüler einen Brief über ein Ereignis in der Schule lesen, daß entweder als Prügelei oder als verbale Auseinandersetzung ausgelegt werden konnte. Diese verbale Auseinandersetzung, im Amerikanischen als "sounding" oder "playing the dozens" bezeichnet, ist eine Form ritueller Beleidigungen, die unter schwarzen Kindern und Jugendlichen stattfinden. Jeweils zwei Teilnehmer tauschen wechselseitige Beleidigungen aus und versuchen dadurch, die Gunst des "Publikums" zu erlangen. Die schwarzen Versuchspersonen interpretierten den Text fast ausschließlich als verbales Spiel, die weißen hingegen eher als eine körperliche Auseinandersetzung. Anderson et al. (ibid.) verweisen in diesem Zusammenhang auf eine ähnliche Untersuchung von Anderson et al.(1977). Hier lasen die Testpersonen, Musikstudenten und Sportstudenten, zwei Texte, von denen der eine entweder als Gefängnisausbruch oder als Ringkampf und der andere Text entweder als ein Kartenspielabend oder als ein Musikabend verstanden werden konnte. Die Sportstudenten gaben im ersten Text der Ringkampf-Interpretation und im zweiten Text Kartenspiel-Interpretation den Vorrang. Die Musikstudenten interpretierten genau umgekehrt. Den meisten Lesern war dabei nicht bewußt, daß alternative Interpretationen möglich sind. Diese Studien belegen, daß die Informationsaufnahme und die Textinterpretation stark vom Vorwissen abhängt.

Johnson (1981) untersuchte den Einfluß von sprachlicher Komplexität und kultureller Prägung des Textes auf das Leseverstehen, indem sie ihren iranischen und amerikanischen Studenten jeweils adaptierte und unadaptierte Versionen von

Texten der eigenen und der fremden Kultur zur Lektüre gab. Sie fand heraus, daß die syntaktische und semantische Komplexität eines englischen Textes einen geringeren Einfluß auf das Leseverstehen der iranischen Studenten hatte als die kulturelle Herkunft des Textes. Die Textwiedergabe war jeweils bei den Texten der eigenen Kultur besser- unabhängig von ihrer sprachlichen Komplexität. Kommt zu dem Faktor der kulturellen Fremde noch sprachliche Komplexität hinzu, so verschlechtert sich die Textwiedergabe. Die Leseleistung von Muttersprachlern hingegen wird von beiden Faktoren gleichermaßen beeinflußt. Johnson schlußfolgert, daß fremdsprachige Leser primär von ihrem kulturellen Vorwissen abhängig sind. Fehlt dieses Wissen, können folgende Formen kultureller Inferenz bei der Wiedergabe auftreten: Elaborationen, d.h. Ergänzungen aus der Perspektive der eigenen Kultur, und Verzerrungen in der Darstellung aufgrund mangelnden Wissens.

Eine ähnliche Studie führte Carrell (1987) durch. Sie befaßte sich mit den unterschiedlichen Einflüssen von Form- und Inhaltsschemata auf das Leseverstehen. Moslemische und katholische Studenten lasen Texte der eigenen und der fremden Kultur, welche ihnen einmal in vertrauter rhetorischer Textorganisation und einmal in unvertrauter Form vorgelegt wurden. Die Ergebnisse zeigen, daß -wie schon in der Untersuchung von Johnson (1981)- der Inhalt eine größere Rolle spielt als die Form: ein unvertrauter Inhalt ist schwieriger zu verstehen als ein Text in unvertrauter Form. Die rhetorische Form ist jedoch ein signifikanter Faktor, bedeutender als der Inhalt, wenn es um das Verstehen von Hauptgedanken, d.h. von übergeordneten Propositionen geht. Mit anderen Worten, jede der beiden Komponenten -Inhalt und Form- spielt eine signifikante, aber unterschiedliche, Rolle für das Textverständnis.

Untersuchungen, die sich allein den formalen Schemata widmen, sind bisher selten und befassen sich in der Regel nur mit Texten, die im Aufbau dem einfachen Geschichtenschema folgen. Den separaten Einfluß von Form- oder Storyschemata betrachtete Carrell (1984a). Sie präsentierte ihren Zweitsprachenlernern Texte, deren rhetorische Organisation dem Schema der Leser für einfache Geschichten entsprach bzw. in ihrem Aufbau ungeordnet waren. Die Wiedergabe eines Geschichtentextes war besser, wenn der Text entsprechend dem Geschichtenschema strukturiert war. Bei ungeordneten Geschichten werden die Ereignisse in der zeitlichen Reihenfolgen wiedergegeben, die dem Schema entspricht und nicht entsprechend der Texteingabe.

Den Nachweis, daß Textverarbeitung generell schemageleitet verläuft, erbrachte zuvor schon Esser (1983). Er konnte seine Vermutung bestätigen, daß auch die Verarbeitung sogenannter Zufallstexte, d.h. Texte, deren Informationsabfolge von der natürlichen Reihenfolge abweicht, bei ausreichender Verarbeitungszeit schemageleitet verläuft. Seine Versuchspersonen suchten nach ordnungsbildenden

Prinzipien, die fortlaufend gebildet und korrigiert werden. Für die Herstellung gestörter makrostruktureller Ordnungsbeziehungen ist lediglich mehr Zeit vonnöten. Schemata dienen dabei als "informationsorganisierende Muster" (ibid., 28). Esser folgert daraus für den Fremdsprachenunterricht die Notwendigkeit der Vermittlung einer kognitiven Textbasis, die ebenso wichtig sei wie sprachliche Aspekte. Offen bleibt, wie diese Vermittlung in der Praxis aussehen soll.

Abschließend möchte ich noch auf einige angewandte Studien zum interkulturellen Lesen verweisen. Hierbei geht es vor allem darum, die Konsequenzen aus den Forschungsergebnissen zum Vorwissen für die Praxis zu ziehen. Diese Untersuchungen beschäftigen sich mit den Möglichkeiten der Vermittlung von Schemata vor der Textlektüre sowie damit, ob sich das Textverstehen auf diese Weise positiv beeinflussen läßt.

Yousef versuchte schon 1968 (nach Joag-Dev/ Steffensen 1984) ihren Testpersonen aus dem Mittleren Osten die amerikanische Kultur in einem speziellen Kurs zu vermitteln, nachdem sich zuvor gezeigt hatte, daß es uneffektiv ist, Literatur für dieses Ziel einzusetzen. Ihrer Auffassung nach ist kulturelle Orientierung vor der sinnvollen Vermittlung von Literatur notwendig. Die Ergebnisse sind divergierend: Einerseits gelang es, Verständnis für die fremde Kultur zu erzeugen, doch andererseits ließ sich der Einfluß der eigenen Kultur nicht völlig in den Hintergrund drängen, da unbewußte emotionale Reaktionen gegenüber bestimmten Aspekten der amerikanischen Kultur sehr stark wirkten.

Eindeutig positive Erfolge mit einem kulturellen Orientierungsprogramm erzielten Gatbonton/ Tucker (1971), Hudson (1982) und Johnson (1982). Gatbonton/ Tucker entwickelten ein kurzes effektives kulturelles Orientierungsprogramm und stellten fest, daß die Versuchspersonen mit kultureller Orientierung ein ähnliches Leseergebnis erreichten wie die muttersprachliche Vergleichsgruppe. Ihre Resultate differierten signifikant von denen der Studenten ohne kulturelle Orientierung. Gatbonton/ Tucker heben hervor, daß der Effekt der kulturellen Filtrierung das Verstehen oder die Bewertung der fremden Literatur negativ beeinflußt und zu Langeweile und Desinteresse im Unterricht führen kann.

Forschung zum Lesen in der Fremdsprache hat gezeigt, daß die Sprachfertigkeit dem Transfer von Lesefertigkeiten aus L1 in L2 eine Grenze setzt. Hudson ging der Frage nach, ob durch induzierte Schemata (Vokabellisten und Bilder zum Textthema) diese Auswirkungen eines beschränkten Sprachbeherrschungsgrades in L2 überwunden werden können. Im Ergebnis dieser Studie wird deutlich, daß die Effektivität induzierter Schemata bei Lernern mit einem niedrigen Sprachniveau am größten ist. In diesem Fall können vorher eingegebene Schemata die durch den Sprachbeherrschungsgrad gesetzte Grenze überwinden und wirken sich als positiver Faktor auf das Verstehen aus. Fortgeschrittene Leser finden sich ohne induzierte Schemata effektiver im Text zurecht. Daraus läßt sich ableiten, daß Leser auf fortgeschrittenem Niveau andere Lesestrategien anwenden als weniger fortgeschrittene bzw. daß sich die Strategien entsprechend dem Lese- und Sprachniveau verändern.

Johnson (1982) untersuchte, ob vorhergehende Erfahrungen in der amerikanischen Kultur das Verständnis eines Textes zum Thema eines amerikanischen Brauches verbessern. Die Ergebnisse scheinen die Hypothese zu bestätigen: Die Textwiedergabe ist jeweils besser, wenn der Text bekannte Aspekte enthält: kohärentere Wiedergabe und mehr mit dem Text kompatible Inferenzen. Bemerkenswert ist, daß die Aufdeckung von Bedeutungen schwieriger Wörter ohne Wirkung auf das Textverständnis der L2-Leser blieb.

Daß einleitende Vorstrukturierungen nicht zwangsläufig zum Erfolg führen müssen, beweist die Arbeit von Carrell (1983). Sie stellte fest, daß, auch wenn den Versuchspersonen explizit angemessene Hintergrundinformationen zum Text gegeben wurden, d.h. ein expliziter Kontext und ein transparenter Text, diese das Hintergrundwissen nicht genutzt haben. Hier schien es so, als ob die L2-Leser eher zu einer sprachlichen Herangehensweise an einen Text tendierten und die wörtliche Sprache des Textes verarbeiteten, aber keine Verbindungen zwischen Text und Hintergrundinformationen herstellten. Die Frage bleibt, warum diese Informationen beim Lesen in der Muttersprache genutzt werden, es jedoch offensichtlich nicht gelingt, diese Lesestrategien auf das fremdsprachige Lesen zu übertragen.

3.3.2 Offene Fragen und Ableitung der Untersuchungsziele

Die vorliegenden Forschungsergebnisse zu Vorwissenseinflüssen sind insgesamt zu allgemeiner Natur, als daß sie die Zusammenhänge zwischen Vorwissen und Textverstehensprozeß in ausreichendem Maße offenlegen könnten. Die Schwäche der meisten Untersuchungen sehe ich vor allem in den eingesetzten Methoden. Die freie Textwiedergabe ist als Mittel zur Erhebung des Textverständnisses problematisch, da unklar ist, ob Auslassungen in der Wiedergabe auf mangelndes Vorwissen, auf Vergessen oder auf andere Akzentsetzungen in der Interpretation zurückzuführen sind. Diese Methode läßt dem individuellen Sinngebungsprozeß keinen Raum, da ihr Ziel in der möglichst detaillierten Textreproduktion besteht. Dieses Ziel ist jedoch mit dem des Umgangs mit literarischen Texten nicht identisch und stellt auch kein Verstehensmaß dar. Man kann nämlich auch etwas wiedergeben, was man nicht verstanden hat. Durch die Textwiedergabe werden also eher Gedächtnisleistungen überprüft. Das Verständnis ließe sich besser anhand von Schlußfolgerungen über die explizite Textbasis erfassen. Ein Vergleich dieser Elaborationslei stungen mit dem Text müßte meiner Ansicht nach auch genauere Aussagen über Vorwissenseinflüsse erlauben. Interessant wäre es beispielsweise zu

46

untersuchen, an welchen Stellen des Textes es zu Abweichungen kommt, d.h. welche Textkompositionselemente dem Eingriff des Lesers am stärksten unterworfen sind. Bisherige Studien beschränken sich in dieser Hinsicht auf rein quantitative Angaben zur Zahl der Abweichungen. Die Aussagekraft bisheriger Untersuchungen wird auch noch dadurch eingeschränkt, daß sich die Tests in der Regel auf speziell konstruierte Testtexte oder Sachtexte beziehen und damit nicht ohne weiteres auf andere, z.b. literarische Texte übertragbar sind. Sie unterstützen allerdings die Behauptung, daß das kulturelle Hintergrundwissen, zumindest ab einem bestimmten Sprachbeherrschungsgrad, entscheidender für das Textverständnis ist als das Sprachwissen, z.B. die Kenntnis lexikalischer Bedeutungen von sogenannten schwierigen Wörtern. Die Frage ist nur, wo hier die Grenze liegt, oberhalb derer dies der Fall ist.

Es bleibt somit noch eine Reihe unbeantworteter Fragen in der Forschung zu Vorwissenseinflüssen. Einigen von ihnen werde ich in meiner Untersuchung nachgehen. Die grundlegende Frage lautet: Welchen Einfluß hat das Vorwissen des Lesers auf die Rezeption von literarischen Texten, die nicht vordergründig kulturgeladen sind? Ich vermeide hierbei bewußt, von Textverständnis zu sprechen, da die Frage, wann ein literarischer Text verstanden worden ist, gesondert beantwortet werden müßte. Mir geht es vielmehr um die individuellen Rezeptionsweisen, d.h. um die Unterschiede in den Rezeptionen von Lesern mit unterschiedlichen kulturellen Hintergründen. Es geht um die Beantwortung der Frage, wo sich der Einfluß des Vorwissens konkret zeigt. Hierzu soll ermittelt werden, bei welchen Kompositionselementen des Textes es zu den meisten nicht adäquaten Schlußfolgerungen kommt und wo es die größten Differenzen in der Rezeption zwischen L1-Lesern und L2-Lesern gibt. Zugrunde gelegt wird der Textbeschreibungsansatz von Lotman (1989). Die Untersuchung ist im Sinne einer Fallstudie konzipiert, die an zwei Erzähltexten durchgeführt werden soll. Die beiden Texte werden nach Lotmans Textbeschreibungsmodell analysiert und diese Analysen dann als Ausgangspunkt für den Fragenspiegel genommen. Ich vermute, daß es zu den größten Unterschieden in den Kompositionselementen Sujet und Figur kommen wird. Das Sujet bezeichnet nach Lotman (1989, 330) die konkrete Ereignishaftigkeit des Textes. Die Qualifizierung eines Faktums als Ereignis ist vom System der Begriffe abhängig (z.B. von Normbegriffen und moralischen Begriffen) und damit wesentlich kulturell bestimmt. Da die Figuren als Handlungsträger zu den wichtigsten Sujetelementen gehören, sind auch in ihrer Bewertung kulturelle Unterschiede zu erwarten. In meinen eigenen Lektüreseminaren mit ausländischen Germanistikstudenten habe ich Beobachtungen gemacht, die diese Hypothese unterstützen. So konnte z.B. ein arabischer Student bei der Lektüre von Thomas Manns "Der Tod in Venedig" in dieser Geschichte kein Ereignis feststellen; der Text war für ihn sujetlos. Die vorliegende Untersuchung soll die Hypothese genauer überprüfen, indem die Antworten der Versuchspersonen zu den Fragen nach Sujet und Figuren und nach den anderen Kompositionselementen untereinander sowie mit den Daten einer deutschen Kontrollgruppe verglichen werden. Wenn man weiß, bei welchen Textelementen es am häufigsten zu Rezeptionsunterschieden kommt, kann man auch sagen, an welchen Stellen in der Rezeption der Einfluß des Vorwissens am stärksten ist. Diese Erkenntnisse ließen sich wiederum methodisch für die Unterrichtspraxis nutzen.

In diesem Zusammenhang soll zweitens ermittelt werden, ob eine der Vermittlung von Literatur unmittelbar vorausgehende kulturelle Orientierung die Rezeption positiv beeinflußt. Hierbei werden die Testergebnisse von Versuchsgruppen mit kultureller Orientierung denen einer Vergleichsgruppe ohne kulturelle Orientierung gegenübergestellt. Die kulturelle Orientierung wird eine Art einleitende Vorstrukturierung sein, deren Ziel es ist, dem Leser einen kognitiven Rahmen für die folgenden Informationen zu liefern, damit er diese leichter aufnehmen und verarbeiten kann (Vgl. Ausubel 1960; Groeben 1982). Bislang wurden Versuche mit solchen Vorstrukturierungen hauptsächlich anhand von Informationstexten durchgeführt und das mit positiven Ergebnissen. Ich stelle die Hypothese auf, daß sich ähnliche Erfolge auch bei literarischen Texten erzielen lassen. Es geht mir darum, diese Methode zur Vermittlung von Vorwissen hinsichtlich ihrer Effektivität zu überprüfen.

Als nächstes soll die Frage beantwortet werden, wie sich der Einfluß des Vorwissens in der Textrezeption äußert. Hier wird beobachtet, wie sich der Leser verhält, wenn er offenbar nicht das notwendige Wissen für das Textverständnis besitzt bzw. vorhandenes Wissen nicht aktiviert. Um diesem Problem nachzugehen, werden die teilweise adäquaten und die nichtadäquaten Antworten zu den offenen Fragen des Rezeptionstests inhaltsanalytisch bewertet und klassifiziert. Vermutet wird, daß der Leser am häufigsten versucht, den Text mit seinem Wissen und seinen Einstellungen in Einklang zu bringen, wobei es zu falschen Inferenzen kommen kann, wenn er nicht über adäquates Wissen verfügt. Diese synthetische Form der Rezeption tritt wahrscheinlich in den meisten Fällen auf. Bei der analytischen Rezeption ist der Text im Vordergrund; der Leser nimmt sich und sein Vorwissen, seine Einstellungen zurück. Er abstrahiert und versteht den Text als eigene Welt. Hier geht es also darum zu untersuchen, inwieweit sogenannte kulturelle Filtration den Sinngebungsprozeß fremdsprachiger Leser beeinflußt.

Die vierte Frage zielt auf die Meßbarkeit des Vorwissens in bezug auf einen konkreten Text. Dabei soll herausgefunden werden, ob die freie Assoziation zu Schlüsselwörtern des Textes geeignet ist zur Bestimmung des textbezogenen Vorwissens.

Die fünfte Frage ist als Zusatz sozusagen ein Nebenprodukt der Untersuchungen. Hier soll untersucht werden, ob die Vorstrukturierung den Texteindruck, also die emotionale Textrezeption, positiv beeinflußt. Vermutet wird, daß diese Form der Vorbereitung und Wissensvermittlung motivationsfördernd wirkt. Wie die fünf Probleme im einzelnen gelöst werden, wird im 6. Kapitel zur Auswertung der Versuche dargelegt.

4 Begründung und Erläuterung der gewählten Untersuchungsmethoden

4.1 Versuchsplanung

Die empirischen Untersuchungen gliedern sich in drei Phasen:
1. Phase: Vortest mit deutschen Beurteilerpersonen,
2. Phase: Haupttest mit ausländischen Versuchspersonen und
3. Phase: Vergleichstest mit deutscher Kontrollgruppe.

Grundlage der gesamten Tests sind zwei Erzähltexte: "Die Linkshänder" von Günther Grass und "Ein schöner Tag" von Gabriele Wohmann. Zur Textauswahl verweise ich auf die entsprechenden Abschnitte im 5. Kapitel.

Im Vortest sollten die relevanten Textstellen, Schlüsselwörter und Topikketten ermittelt werden. Die Beurteilerpersonen wurden aufgefordert, die ihnen relevant erscheinenden Textstellen durch Unterstreichungen hervorzuheben. Die am häufigsten unterstrichenen Textstellen wurden als Ergänzung der Textanalyse nach Lotman bei der Formulierung der Fragen für den Rezeptionstest berücksichtigt. Zu dem gleichen Zweck waren auch die Topikketten bestimmt. Textisotopien dienen der Aufdeckung von Textstrukturen und der Erfassung von sinnkonstituierenden Zusammenhängen. Die von den deutschen Beurteilern notierten Schlüsselwörter wurden in Abhängigkeit von ihrer Häufigkeit dem Lesertest-Fragebogen zugrunde gelegt. Gleichzeitig fanden sie zum Teil Eingang in die Vorstrukturierung.

Der Haupttest wurde mit zwei Gruppen ausländischer Versuchspersonen durchgeführt und besteht aus zwei Teilen, einem Lesertest und einem Rezeptionstest. Im Lesertest (ca. 30 Minuten Dauer) sollte das Vorwissen der Versuchspersonen zum Inhalt der jeweiligen Erzählung erfaßt werden. Er ermittelte die Vertrautheit der Leser mit den Schlüsselwörtern. Im anschließenden Rezeptionstest (ca. 90 Minuten einschließlich Textlektüre) wurden den Versuchspersonen nach der Textlektüre offene Fragen zu einzelnen Kompositionselementen des Textes vorgelegt, die schriftlich beantwortet werden sollten. Da sich die vorliegende Arbeit auch die Untersuchung der Frage zum Ziel gestellt hat, ob eine der Textlektüre vorhergehende kulturelle Orientierung die Rezeption beeinflußt, wurde jeweils einer Gruppe nach dem Lesertest eine Art Vorstrukturierung (ca. 30 Minuten) vermittelt. So las die Gruppe A den Grass-Text mit Vorstrukturierung und die Gruppe B den Wohmann-Text mit Vorstrukturierung. Damit läßt sich der Versuchsablauf folgendermaßen darstellen:

Gruppe A	1. Test: Text G	Lesertest G1	Rezeptionstest G
	2. Test: Text W	Lesertest W0	Rezeptionstest W
Gruppe B	1. Test: Text G	Lesertest G0	Rezeptionstest G
	2. Test: Text W	Lesertest W1	Rezeptionstest W

("1": d.h. mit kultureller Orientierung, "0": d.h. ohne kulturelle Orientierung)

In der letzten Phase der Untersuchungen wurde ein Vergleichstest mit einer deutschen Kontrollgruppe durchgeführt. Diese Gruppe nahm für beide Texte nur am Rezeptionstest teil. Ihre Rezeptionsergebnisse sollen mit denen der ausländischen Versuchspersonen verglichen werden, um herauszufinden, bei welchen Kompositionselementen es zu den größten Differenzen in der Rezeption kommt.

4.2 Konstruktionsprinzipien der Vorstrukturierung und der Fragebögen

4.2.1 Vorstrukturierung

Der Gedanke einer einleitenden Vorstrukturierung ist in der Forschung nicht neu. Seit den frühen 60ern wird der Einsatz sogenannter vorstrukturierender Lernhilfen von der kognitiven Lerntheorie propagiert, um die Lern- und Behaltensleistungen im Unterricht zu verbessern. David P. Ausubel konnte in seinen Untersuc hungen die Hypothese bestätigen, daß das Lernen und Behalten von unvertrautem lexikalischen Material durch die vorhergehende Einführung relevanter zusammenfassender bzw. einordnender Begriffe oder Konzepte erleichtert werden kann. Diese Hypothese basierte auf der Annahme, daß kognitive Strukturen hierarchisch organisiert sind in Form von sehr umfassenden Konzepten. Neues Material wird in kognitive Strukturen eingegliedert , insoweit als es unter bereits existierende Konzepte subsummierbar ist. Stellt man nun dem Lerner einen solchen kognitven Rahmen im voraus zur Verfügung, so werden die Kognitionsstrukturen des Lesers in der Weise organisiert, daß sie für die Aufnahme und Verarbeitung des nachfolgenden Textes vorbereitet werden. Die Eingliederbarkeit der neuen Informationen erhöht sich und damit der Lern- und Behaltenseffekt (Ausubel 1960, 267; Groeben 1982, 1). Diese Organisationshilfen nennt man daher auch "Advance Organizer". Sie müssen allgemeiner, abstrakter und umfassender sein als der zu lesende Text, dem sie voranzustellen sind, und sich andererseits auf die vorhandene kognitive Struktur des Lernenden beziehen lassen (Ausubel/ Thol 1983, 65).
Bislang gibt es erst wenig Forschung zum Nutzen von Advance Organizers im Zusammenhang mit Lesefertigkeiten und wenn, dann beschäftigen sich diese Untersuchungen nur mit L1-Lesern. Tudor (1986) untersuchte in seiner Studie, ob Advance Organizers das Leseverstehen von L2-Lesern verbessern können. Die

Ergebnisse seiner Tests ergaben einen eingeschränkten Wirkungsbereich der Advance Organizers. Ihre leistungsverbessernde Potenz hängt zum einen vom Schwierigkeitsgrad des Textes und zum anderen vom Niveau der Leser ab. Bei schwierigen Texten und bei schwachen Lesern erleichtern Vorstrukturierungen das Leseverstehen, während die Effekte bei leichteren Texten geringer sind und bei guten Lesern das Leseverstehen sogar behindern können (Tudor 1986, 110ff.).

Zu ähnlichen Ergebnissen kamen auch einige Untersuchungen der schematheoretischen Forschung (Vgl. Abschnitt 3.1.), in welchen die unterstützende Funktion des kulturellen Vorwissens für das Textverstehen gezeigt wird. Hier spricht man dann weniger von Advance Organizers als von "Prereading Activities" (z.B. Melendez/ Pritchard 1985, 401f.), die einen allgemeinen kulturellen Rahmen, d.h. kulturelle Schemata zum Text entwickeln helfen sollen.

Von diesem Grundgedanken wird auch die vorliegende Arbeit geleitet: Neue Informationen können dann am besten aufgenommen und verarbeitet werden, wenn sie in bereits vorhandene Schemata eingegliedert werden können. Ziel der Vorstrukturierung ist es, diese vorhandenen Schemata zu aktivieren oder aber die entsprechenden Schemata vor der Textlektüre aufzubauen.

Zur Umsetzung dieser Zielstellung wurden verschiedene Methoden eingesetzt. In der ersten Phase, der Vorhersage - Phase, wurden die Versuchspersonen aufgefordert, ihre Erwartungen zum Textinhalt zu äußern, nachdem ihnen der Titel der jeweiligen Erzählung genannt wurde. Hierbei sollte das Interesse der Leser für den Text geweckt werden, ihre Neugier auf die Überprüfung der eigenen Hypothesen bei der Lektüre. Es ergeben sich Vergleichsmöglichkeiten sowohl innerhalb der Gruppe als auch zwischen eigenkulturellen Vorstellungen und denen der fremden Kultur, die der Text bietet. Eventuell vorhandene Schemata werden auf diese Weise aktiviert. In der zweiten Phase ging es dann darum, neue Informationen für diese Schemata zu liefern bzw. neue Schemata zu entwickeln. Den Versuchspersonen wurden Suggestionen oder Fragen gegeben, die sie für bestimmte kulturelle Faktoren sensibilisieren sollten, die sich von ihrer eigenen Kultur unterscheiden. Zuerst wurden Schlüsselbegriffe aus dem jeweiligen Text vom Versuchsleiter genannt und deren Bedeutung in der eigenen und in der deutschen Kultur herausgearbeitet. Dabei handelte es sich in der Regel um Wörter, die nicht explizit im Text vorkamen, die aber als Oberbegriffe zu bestimmten Teilthemen des Textes gelten konnten. Durch die Erklärung dieser Begriffe sollte das notwendige Hintergrundwissen zu zentralen Problemen der Texte vermittelt werden. Im letzten Teil der Vorstrukturierung ging es darum, unterschiedliche Verhaltensweisen, soziale Phänomene und Wertsysteme in der eigenen und der fremden (deutschen) Kultur zu diskutieren, die in einem direkten Bezug zum Text stehen. Ich habe mich dabei von einer der Grundannahmen kulturvergleichender Forschung leiten lassen, derzufolge Kulturen zwar meßbar sind, jedoch nicht auf

Forschung leiten lassen, derzufolge Kulturen zwar meßbar sind, jedoch nicht auf direktem Wege. Verhaltensweisen und soziale Phänomene dienen als Indikatoren für das Konstrukt Kultur. Dabei werden einzelne "kulturelle Bedingungen" als unabhängige Variablen benutzt. Die für die psychologische Forschung wichtigsten unabhängigen Variablengruppen sind:

a) Gruppenbildungen und Rollenverteilungen (z.B. Familienformen und Verwandt schaftsbeziehungen),

b) Überzufällige Verhaltensweisen von Individuen (z.B. Bräuche, Berufs- und Arbeitsverhalten, Spiele, Erziehungsstile usw.),

c) Kommunikations- und Informationssysteme (z.B. Sprachen, kognitive Systeme) und

d) Wertsysteme, die z.T. institutionalisiert sind (z.B. Religion, politische Werte, Vorurteile usw.) (nach: Gottschaldt u.a. 1969, 524).

Für die Vorstrukturierung wurden jeweils die Variablengruppen ausgewählt, für die der jeweilige Erzähltext Anhaltspunkte zur Diskussion bietet. Zu diesen Variablengruppen wurden dann Problemfragen formuliert, die in der Gruppe diskutiert werden sollten. Auf diese Weise sollten kulturell unterschiedliche Verhaltensweisen, -normen und Wertsysteme zur Sprache gebracht werden und zugleich die Aufmerksamkeit für "das Andersartige" in der fremden deutschen Kultur geweckt werden. Auch hierbei ging es wieder darum, vorhandenes Wissen zu aktivieren bzw. neue Informationen zu liefern. Ziel der gesamten "kulturellen Orientierung" war es jedoch nicht nur, Schemawissen zu aktivieren oder aufzubauen. Ein wichtiges Teilziel der Vorstrukturierung bestand auch darin, die Versuchspersonen für kulturelle Unterschiede zu sensibilisieren, um ihnen die Rezeption des fremdkulturellen Textes zu erleichtern.

4.2.2 Lesertest

Ziel des Lesertests war es, das Vorwissen der Versuchspersonen (Vpn) zum Inhalt des Textes zu erfassen. Die Vertrautheit der Vpn mit der Textthematik sollte über Assoziationen zu Schlüsselwörtern des Textes ermittelt werden. Die wichtigsten Schlüsselwörter des Testtextes wurden den Vpn als Reizwörter vorgegeben, zu denen sie jene Wörter notieren sollten, die ihnen dazu einfielen. Dieses Vorgehen heißt freie Assoziation.

Da sich das Vorwissen des Lesers zum Thema bei einem literarischen Text nicht auf so direktem Wege wie bei einem Sachtext erfragen läßt, wurde die indirekte Methode über die Schlüsselwörter gewählt. Schlüsselwörter üben im Text eine topikkennzeichnende Funktion aus und bestimmen wesentlich die semantischen

Aktualisierungsprozesse bei der Rezeption und der Verarbeitung des Textes (Lerchner 1984, 104).

Mittels Wortassoziationsaufgaben sollte im Lesertest ermittelt werden, welche Vorstellungen, Begriffe und Gefühle die Vpn mit den Schlüsselwörtern verbinden. In der Psychologie versteht man unter einer Assoziation die Verbindung von Bewußtseinsinhalten. Diese zeigt sich darin, daß Inhalte nie für sich auftreten, sondern immer die mit ihnen am nächsten verbundenen Inhalte nach sich ziehen (Grimm/ Engelkamp 1981, 38). Ferner geht man davon aus, daß Assoziationen erfahrungsabhängig und damit individuell verschieden sind (ibid.: 39). Die Verbindung zwischen einzelnen Konzepten ist damit kulturspezifisch. Daß die kulturelle Bedeutung von Wörtern durch die Analyse freier verbaler Assoziationen ermittelt werden kann, ist bereits in anderen Untersuchungen belegt (Triandis u.a. 1972, 182). Auf die Erfassung dieser kulturellen Bedeutung zielte auch vor allem der Lesertest ab. Es sollte herausgefunden werden, welche emotional- wertenden, assoziativen Bedeutungen die Vpn den einzelnen Schlüsselwörtern zuordnen, da von dieser konnotativen Komponente ein starker Einfluß auf die Textrezeption erwartet wird. Die Vorstellung der Assoziation kann mit der Schematheorie in der Kognitionspsychologie und mit der Wortfeldtheorie in der lexikalischen Semantik in Verbindung gebracht werden. Ihnen gemein ist die Auffassung, daß Wissen und Bedeuten nicht eigenständig existieren, sondern immer nur in der Verbindung: als Netzwerk oder als Wortfeld.

4.2.3 Rezeptionstest

Der Fragebogen zur Textrezeption sollte die individuellen Rezeptionsweisen der Leser erheben, um sie in der Auswertung mit der Textvorlage, den Rezeptionen der deutschen Kontrollgruppe sowie untereinander vergleichen zu können. Zunächst wurde die emotionale Rezeption erfaßt, indem die Vpn verschiedene Dimensionen ihres Texteindrucks auf einer Skala mit fünf Intensitätsgraden beschreiben sollten. Nach der Skalierung sollte die jeweilige Entscheidung begründet werden. Um die kognitive Textrezeption zu erfassen, wurde ein Fragenspiegel zu den einzelnen Textdimensionen (Sujet, Figuren, Raum, Rahmen, Blickpunkt und Einstellung) erarbeitet. Die einzelnen Fragen zielen dabei entsprechend der Textanalyse in der Regel auf die Korrelierung von mindestens zwei Subsystemen und seltener auf die Wahrnehmung isolierter Systeme. Inhaltlich lassen sich dabei Fragen nach einfachem Sinnverständnis zu Fakten aus dem Text sowie Fragen nach Schlußfolgerungen unterscheiden. Auf letztere wurde besonders Wert gelegt, da diese sich auf die Herstellung der expliziten Textbasis beziehen, wozu der Leser sein Vorwissen einbringen muß. Der Form nach sind fast alle Fragen

Ergänzungsfragen, bis auf eine Entscheidungsfrage im Test zum Grass-Text, die dafür jedoch mit der Aufforderung zur Begründung der Entscheidung verbunden ist.

Der Rezeptionstest läßt dem Leser in dieser Form genügend Raum für seine individuelle Leseweise, lenkt seine Aufmerksamkeit jedoch zugleich ganz gezielt auf konkrete Textdimensionen, wodurch die Vergleichbarkeit verschiedener Rezeptionen gewährleistet ist. (Wesentliche Anregungen für die Konstruktion der Fragebögen zur Rezeption habe ich der sehr umfangreichen Arbeit zur Rezeptionsforschung von Heuermann et al. (1982) entnommen.)

5   Texte, Analysen, Fragebögen

5.1   Textbeschreibungsmodell von Lotman

5.1.1   Begründung der Entscheidung für Lotmans Modell

Die Funktion der Textanalyse besteht darin, einen objektiven Beschreibungsrahmen als Grundlage sowohl für die Konstruktion der Fragebögen als auch für die Auswertung der Rezeptionen zu liefern. Jurij M. Lotmans Textbeschreibungsmodell (Lotman 1989) bietet mit seiner nach semantischen Textdimensionen vorgenommenen Gliederung ein praktikables Gerüst für den Aufbau der Fragebögen. Die Fragen wurden jeweils so formuliert, daß sie die Rezeption der einzelnen Textdimensionen vor allem in ihrer Korrelation miteinander erfassen können. Die von Lotman bestimmten Textdimensionen dienen damit zugleich als Fragekategorien und in der Auswertung als Kategorien für die Inhaltsanalyse und den Vergleich der Einzelrezeptionen. In der Auswertung der Rezeptionen soll die Textanalyse als objektiver Maßstab für den Vergleich der Rezeptionen mit dem Text sowie für den Vergleich der Rezeptionen untereinander gelten. Lotmans Modell ermöglicht meiner Ansicht nach konkrete Aussagen darüber, in welchen Textdimensionen die jeweiligen Einzelrezeptionen vom Text abweichen bzw. bei welchen Dimensionen es zu Unterschieden -z.B. zwischen Gruppen mit kultureller Vorstrukturierung und Gruppen ohne kulturelle Vorstrukturierung- kommt. Um die Intersubjektivität der Textbeschreibung zu erhöhen, wurden die Texte jeweils von zwei Literaturwissenschaftlern und von mir nach Lotmans Modell analysiert.

Textrezeption verläuft mittels satzübergreifender Verarbeitungsprozesse sinnorientiert, d.h. sie zielt auf die Konstruktion des Textganzen bestehend aus impliziter und expliziter Textbasis ab. Für die Herstellung der expliziten Textbasis muß der Leser mit Hilfe seines Vorwissens inferentielle Verarbeitungsprozesse durchführen. Dabei werden neue Propositionen gebildet, die schließlich in ihrer Summe zur Makrostruktur als komprimierter Repräsentation des Textinhaltes führen. Um an den Rezeptionsprozeß angeschlossen werden zu können, muß demzufolge auch die Textanalyse semantisch ausgerichtet sein und sich auf die Makrostruktur des Textes konzentrieren. Beiden Forderungen wird Lotmans Modell gerecht. Die Eckpunkte seiner Analyse sind die miteinander vernetzten semantischen Kategorien Sujet, Figuren, Raum, Rahmen, Blickpunkt und Einstellung -mit ihnen bindet Lotmans Modell Textverstehen primär an die Ebene der Makrostrukturen.

Da die Makrostrukturbildung außer von der Verarbeitungskapazität, den Interessen, Zielen und der Perspektive des Lesers hauptsächlich von seinem Vorwissen abhängt (Ballstaedt et al. 1981, 71), kann der Einfluß des Vorwissens an der Rezeption der oben genannten Textdimensionen abgelesen werden. Indem Lotmans Modell in seiner Konzentration auf die Makrostrukturbildung die Nutzung von Wissensstrukturen und damit die aktive Rolle des Lesers im Sinngebungsprozeß einbezieht, räumt es dem Text mehr als nur eine Bedeutung ein und wird so der Multivalenz literarischer Texte gerecht. Lotmans Modell ist speziell für die Analyse literarischer Texte gedacht und daher auch linguistischen Textmodellen vorzuziehen, wie z.B. dem Propositionsmodell von Kintsch (Kintsch 1974; Kintsch u. van Dijk 1978), das zum einen aufgrund seiner aufwendigen Operationen für die Beschreibung längerer Texte ungeeignet ist und zum anderen die multivalente Bedeutungsstruktur literarischer Texte nicht erfaßt, da jedem Satz wenigstens eine oder mehrere Tiefenstrukturen zugeordnet werden müssen. Der Sinn eines literarischen Textes läßt sich in seiner gesamten Potentialität jedoch nicht derart eindeutig auf eine endliche Anzahl von Bedeutungen eingrenzen.

5.1.2   Beschreibung von Lotmans Modell

5.1.2.1   Der Rahmen

Da das Kunstwerk "ein endliches Modell der unendlichen Welt " (Lotman 1989, 301. Alle folgenden Seitenverweise beziehen sich auf diese Ausgabe.) darstellt, bedarf es einer "Grenze, die den künstlerischen Text von allem trennt, was Nicht-Text ist" (300). Diese Abgeschlossenheit des künstlerischen Raumes wird durch den Rahmen gesichert, der aus Anfang und Ende besteht. Der Rahmen unterstützt damit den Modellcharakter des Kunstwerkes in bezug zur unbegrenzten Welt. Die den Rahmen konstituierenden Kategorien Anfang und Ende spielen eine besondere modellbildende Rolle, die unmittelbar mit den allgemeinsten Kulturmodellen zusammenhängt (305). Kulturmodelle unterscheiden sich hinsichtlich der Betonung entweder des Anfangs oder des Endes. Beispiele für Texte mit starker Anfangsorientierung sind Chroniken, Lieder, Novellen, Roman- und Filmserien mit einem offenen Ende. Während in diesen Texten die Geburt, die Ursächlichkeit von Ereignissen im Vordergrund steht, so ist es in das Ende betonenden Texten der Tod, z.B. in eschatologischen Legenden und in utopischen Lehrgebäuden. In der heutigen Erzähltechnik erfüllen Text-Anfang und Text-Ende zudem meist noch eine kodierende Funktion hinsichtlich des Genres und des Stils des Textes, wobei die kodierende Funktion in der Regel vom Anfang übernommen wird und dem Ende "die sujetmäßige, mythologisierende Funktion (311) zugeordnet wird, indem es verdeutlicht, daß "der Text das ganze Universum modelliert" (303).

5.1.2.2 Der künstlerische Raum

Durch den Rahmen wird das Kunstwerk zum abgegrenzten "Raum, der in seiner Endlichkeit ein unendliches Objekt (...) abbildet (311). "Infolgedessen wird die Struktur des Raumes eines Textes zum Modell der Struktur des Raumes der ganzen Welt" (312). Als Raum wird "die Gesamtheit homogener Objekte" bestimmt, die durch "raumähnliche Relationen" (312) miteinander verbunden sind. Mit solchen räumlichen Oppositionen liegt ein grundlegendes Mittel zur Strukturierung und Wertung der Wirklichkeit und der Text-Welt vor, auch in ihren nichträumlichen Aspekten: "Die Begriffe ‚hoch-niedrig', ‚rechts-links', ‚nah-fern', ‚offen-geschlossen', ‚abgegrenzt-nicht abgegrenzt', ‚diskret-ununterbrochen' erweisen sich als Material zum Aufbau von Kulturmodellen mit keineswegs räumlichem Inhalt und erhalten die Bedeutung: ‚wertvoll-wertlos', ‚gut-schlecht', ‚eigen-fremd', ‚zugänglich-unzugänglich', ‚sterblich-unsterblich' u.dgl." (313) Die allgemeinsten sozialen, religiösen, politischen und ethischen Modelle der Welt sind stets durch räumliche Merkmale charakterisiert. Diese Raummodelle sind historisch und national-sprachlich geprägt und damit kulturspezifisch. Wichtigstes topologisches Merkmal des Raumes ist die Grenze, die den Raum in zwei disjunkte Teilräume teilt. Die innere Struktur der beiden Teilräume ist verschieden und die Grenze zwischen beiden normalerweise unüberwindlich: z.B. Freunde und Feinde, Lebende und Tote, Arme und Reiche (327). Als Beispiel kann der Raum eines Zaubermärchens dienen, in denen der Rand des Waldes oder ein Fluß als Grenze zwischen den beiden Teilräumen "Haus" und "Wald" fungiert.

5.1.2.3 Das Sujet

Mit dem Begriff des künstlerischen Raumes hängt das Sujet eng zusammen. Es bezeichnet die konkrete Ereignishaftigkeit des Textes, wobei Ereignis definiert wird als "die kleinste unzerlegbare Einheit des Sujetaufbaus" (330). Ein Ereignis kann "wie eine Kette von Ereignissen einzelner Ebenen realisiert sein, wie eine Kette von Ereignissen das Sujet bildet" (333). Im literarischen Text ist ein Ereignis "die Versetzung einer Figur über die Grenzen eines semantischen Feldes" (332). Ein "semantisches Feld" ist eine Ordnung mit einem bestimmten Norm- und Wertsystem, nach dem sich die Handlungen und Anschauungen der Figuren innerhalb dieses Feldes richten. Es steht in Opposition zu einem anderen semantischen Feld, von dem es durch eine Grenze getrennt wird. Ob ein Faktum als Ereignis qualifiziert wird oder nicht, ist abhängig vom jeweils gültigen Begriffssystem (Normbegriffe, moralische Begriffe) und damit vom allgemeinen Weltbild des Beurteilers. Zum Beispiel stellt eine Veränderung der materiellen Lage seiner Helden im Ritterroman kein Ereignis dar; der Tod hingegen ist ein Ereignis, das mit Ruhm oder Schande verbunden ist und dementsprechend auch als gutes oder schlechtes Ereignis gewürdigt wird. Das Sujet ist ein revolutionäres Element im Verhältnis zum Weltbild (339), da mit der Grenzüberschreitung das bestehende Normsystem durchbrochen wird. Ein Ereignis muß nicht zwingend geschehen -je geringer die Wahrscheinlichkeit seines Eintretens ist, desto größer ist sein Stellenwert hinsichtlich der Sujethaftigkeit. Die Sujethaftigkeit hängt also mit anderen Worten von der Stärke der Schwierigkeiten bei der Grenzüberschreitung ab. "Ein Ereignis ist somit immer die Verletzung irgendeines Verbotes, ein Faktum, das stattgefunden hat, obwohl es nicht hätte stattfinden sollen." (336)

Texte können aus dieser Sicht in sujetlose und sujethafte unterteilt werden. Sujetlose Texte tragen klassifikatorischen Charakter und bestätigen eine bestimmte Weltordnung, z.B. Telefonbücher. Auf der Basis der sujetlosen Texte werden die sujethaften Texte errichtet als deren Negation, d.h. eine Figur überschreitet die Grenze innerhalb dieser Ordnung. Daraus ergeben sich zwei Gruppen von Figuren: bewegliche Figuren mit dem Recht zur Grenzüberschreitung und unbewegliche, die der Struktur des sujetlosen Typs unterworfen sind. "Die Bewegung des Sujets, das Ereignis ist die Überwindung jener Verbotsgrenze, die von der sujetlosen Struktur festgelegt ist. Eine Verschiebung des Helden innerhalb des ihm zugewiesenen Raumes ist kein Ereignis." (338) Das Ereignis ist somit von der Struktur des Raumes im Text abhängig. Zu den grundlegenden Bestandteilen eines Sujets gehören also: 1. ein in zwei Teilmengen gegliedertes semantisches Feld, 2. eine normalerweise unüberschreitbare Grenze zwischen den Teilfeldern und 3. der Held als Handlungsträger (341).

5.1.2.4 Die Figuren

Ausgangspunkt für die Sujetbewegung und damit die Grenzüberschreitung ist "die Herstellung einer Relation der Differenz und der gegenseitigen Freiheit zwischen dem Helden als Handlungsträger und dem ihn umgebenden semantischen Feld: wenn der Held seinem Wesen nach mit seiner Umwelt übereinstimmt oder nicht mit der Fähigkeit ausgestattet ist, sich von ihr abzuheben, so ist eine Entwicklung des Sujets unmöglich" (342). Der Handlungsträger kann aber auch tatenlos bleiben, er muß nicht unbedingt handeln und ist dann ein "untätiger Täter" (342). Hat der Handlungsträger jedoch die Grenze überwunden, tritt er in das Gegenfeld ein, d.h. nachdem er die Hindernisse der Grenze bewältigt hat. Wenn der Held dann im Gegenfeld aufgeht und seine Beweglichkeit verliert, so ist die Sujetbewegung abgeschlossen, andernfalls geht sie weiter. "Ebendeshalb hört, sobald der Verliebte heiratet, die Aufständischen siegen, die Sterblichen sterben, die Entwicklung des Sujets auf." (343)

Handlungsträger ist normalerweise eine anthropomorphe Figur, braucht es aber nicht zu sein, auch einem Tier, Göttern, der Grenze, einem Gegenstand oder der

Umwelt können anthropomorphe Züge verliehen werden. Eine anthropomorphe Figur als Handlungsträger muß nicht unseren alltäglichen Vorstellungen vom Menschen als Individuum entsprechen. Als Handlungsträger sind auch Gruppen, Klassen oder Völker möglich. Die unbeweglichen Figuren dienen als "Bedingungen und Umstände" (345), die dem Handlungsträger als Hindernis im Wege stehen können.

Der Charakter einer Figur wird durch seine Zugehörigkeit zu einem semantischen Teilfeld konstituiert als "die Summe aller im Text gegebenen binären Oppositionen zu anderen Figuren (anderen Gruppen), die Gesamtheit ihrer Zugehörigkeiten zu Gruppen anderer Figuren, d.h. ein Satz von Differentialmerkmalen" (356). Er ist "ein Paradigma" (356) und gewährleistet damit eine Vielzahl möglicher Handlungen. Das Verhalten des Helden ist also nicht vorhersagbar, da "der Charakter nicht als eine einzige vorher bekannte Möglichkeit seiner Aktionen entworfen ist" (361), sondern sich dem Leser erst im Laufe der syntagmatischen Textentwicklung eröffnet (361). Zudem enthält das künstlerische Bild der Wirklichkeit immer auch eine Reihe "systemrelevanter Abweichungen" (358) eines bestimmten kulturtypischen Schemas, wodurch die Unerwartetheit der Handlung des Helden zusätzlich erhöht wird.

5.1.2.5 Die Einstellung

Der filmtechnische Begriff der Einstellung meint die Entfernung der Kamera vom zu filmenden Objekt. Lotman überträgt ihn auf den literarischen Text, um die Relation der Abbildung zum Rahmen zu beschreiben. Wie im Film so kann auch im literarischen Kunstwerk zwischen Nah- und Ferneinstellung unterschieden werden. Ein Einstellungswechsel im Text liegt dann vor, "wenn dort Erscheinungen unterschiedlicher Quantität der gleiche Raum oder die gleiche Aufmerksamkeit eingeräumt wird" (370): Zum Beispiel, "wenn aufeinanderfolgende Textabschnitte mit einem Inhalt gefüllt sind, der in quantitativer Hinsicht ganz verschieden ist: mit einer verschiedenen Anzahl von Figuren, mit einem Ganzen und Teilen, mit der Beschreibung von Gegenständen großer und kleiner Abmessungen; wenn in einem Roman in einem Kapitel die Ereignisse eines Tages und in einem anderen Kapitel Jahrzehnte abgehandelt werden, so können wir ebenfalls von unterschiedlichen 'Einstellungen' sprechen" (370). Einstellungswechsel können folglich in der Darstellung des Raumes und der Zeit vorgenommen werden. "Kontraste in der Einstellungsgröße" (373) verschiedener Textsegmente erfüllen eine zusätzliche sinnunterscheidende Funktion (374).

5.1.2.6 Der Blickpunkt

Der Begriff des Blickpunktes entspricht dem Begriff der Verkürzung in der Malerei und im Film. Er ist als die "Relation eines Systems zu seinem Subjekt" (374) aufzufassen, wobei das "System" der linguistischen oder einer höheren Ebene angehören kann und unter "Subjekt eines Systems" ein Bewußtsein verstanden wird, "das fähig ist, eine derartige Struktur hervorzubringen und das folglich bei der Rezeption rekonstruiert werden kann" (375). Im literarischen Text meint der Blickpunkt eine bestimmte Perspektive oder Position des Autors. Diese "Gerichtetheit" (375) trägt "einen Subjekt-Objekt-Charakter" (375), und wird vom Weltbild des Autors bestimmt, da jeder Text zugleich in einen extratextuellen Kontext -ein bestimmtes "Weltbild" oder "Kulturmodell" (377)- eingebettet ist. Dem Text wird mit dem Blickpunkt also eine bestimmte Orientiertheit hinsichtlich seines Sujets verliehen, was z.B.in der direkten Rede besonders deutlich zum Ausdruck kommt (vgl. 377). Das Verhältnis "Blickpunkt-Text" ist damit das Verhältnis "Schöpfer-Geschaffenes" (377). Dafür gibt es zwei Möglichkeiten: "völlige Übereinstimmung oder diametraler Gegensatz" (377).

Möglich ist die Existenz eines dominierenden Autorenblickpunktes oder mehrerer, nebeneinander existierender Blickpunkte; eine Erscheinung, die zuerst im Drama auftrat (vgl. 382). Dabei kann der Blickpunkt des Autors, wie bereit erwähnt, entweder mit dem seiner Figuren übereinstimmen oder ihm entgegenstehen.

"Aufgrund der besonderen Rolle des künstlerischen Raumes (...) erfährt der Blickpunkt im Kunstwerk sehr häufig eine räumliche Gestaltung. Er tritt dann als Orientiertheit des künstlerischen Raumes auf" (392).

Der Blickpunkt kann nur wahrgenommen werden, wenn er in der Abfolge der Textabschnitte wechselt, d.h. solange wie "der diametral entgegengesetzte Blickpunkt über Aktivität verfügt" (392). Dabei beansprucht jeder der im Text dargestellten Blickpunkte Wahrheit und versucht, sich gegen den anderen Blickpunkt durchzusetzen. Der siegreiche Blickpunkt vernichtet sich mit dem Sieg künstlerisch selbst (vgl. 393).

5.1.2.7 Korrelation als Kompositionsprinzip

Die bisher beschriebenen Ebenen des künstlerischen Texten stehen nun keineswegs isoliert nebeneinander. "Das reale Funktionieren des künstlerischen Textes ist mit einer erheblich größeren aktiven Einwirkung der Ebenen aufeinander verbunden, als dies in nichtkünstlerischen Strukturen der Fall ist." (393) Die Zahl der Schnittpunkte zwischen den einzelnen Substrukturen bestimmt dabei wesentlich die Multivalenz literarischer Texte: "die Zunahme der Strukturiertheit führt zur Abnahme der Vorhersagbarkeit" (394).

Aber nicht nur die Elemente heterogener Ebenen sind über Schnittpunkte miteinander vereint, auch innerhalb einer Ebene überlagern sich die Strukturen (vgl. 394). Lotman leitet daraus als eines der grundlegenden Strukturgesetze des künstlerischen Textes dessen "Ungleichmäßigkeit -das Nebeneinander konstruktionsmäßig heterogener Elemente" (395) ab.

Die Gesamtbedeutung eines Textes erschließt sich dem Leser also erst über das In-Beziehung-Setzen seiner verschiedenen Elemente und Strukturen. Da die Art der Korrelationen im Text nicht immer explizit ist, muß der Leser mit Hilfe seines Vorwissens diese "Leerstellen" (Iser 1971) ausfüllen.

5.2   Kriterien für die Textauswahl

Der Rahmen für die Textauswahl wurde hinsichtlich der Erscheinungszeit, der Gattung und des Inhaltes eingegrenzt. Zur Auswahl wurden ausschließlich Texte der Gegenwartsliteratur herangezogen, damit zur kulturellen Distanz nicht noch die historische Distanz verständnishemmend hinzukommt. Ferner sollten die Texte zur erzählenden Prosa gehören, da zum einen eine gewisse Vertrautheit mit den formalen Mitteln dieser Gattung bei den Testpersonen vorausgesetzt wurde und zum anderen erzählende Texte in der Regel eine geringere Bedeutungsvielfalt aufweisen als zum Beispiel Lyrik. Die Texte sollten möglichst kurz sein, um eine geschlossene Lektüre und Rezeption einschließlich der Beantwortung des Fragebogens innerhalb der vorgesehenen Testzeit zu gewährleisten. Ein weiteres Kriterium war die inhaltliche Abgeschlossenheit der Texte. Sie sollten jeweils ein inhaltliches Ganzes darstellen, so daß keine Kenntnisse eines übergeordneten Textzusammenhangs notwendig sind. Folglich kamen Romane nicht in Frage, sondern nur Novellen, Kurzgeschichten und Erzählungen. Bezüglich des Inhaltes sollten solche Texte ausgewählt werden, die Raum für verschiedene Interpretationen lassen, deren Multivalenz dabei aber noch relativ gering ist. Die Texte sollten Erfahrungen aus dem deutschen Alltag mit mehr oder weniger fiktivem Charakter beleuchten, jedoch nicht phantastisch sein, dafür können sie aber z.B. kritische oder satirische Züge enthalten.

5.3 Text I: Günther Grass, "Die Linkshänder"

5.3.1 Abdruck des Textes

Erich beobachtet mich. Auch ich lasse kein Auge von ihm. Beide halten wir Waffen in der Hand, und beschlossen ist, daß wir diese Waffen gebrauchen, einander verletzen werden. Unsere Waffen sind geladen. In langen Übungen erprobte, gleich nach den Übungen sorgfältig gereinigte Pistolen halten wir vor uns, das kühle Metall langsam erwärmend. Auf die Länge nimmt sich so ein Schießeisen harmlos aus. Kann man nicht einen Füllfederhalter, einen gewichtigen Schlüssel so halten und einer schreckhaften Tante mit dem gespreizten schwarzen Lederhandschuh einen Schrei abkaufen? Nie darf in mir der Gedanke reifen, Erichs Waffe könnte blind, harmlos, ein Spielzeug sein. Auch ich weiß, daß Erich keine Sekunde an der Ernsthaftigkeit meines Werkzzeuges zweifelt. Zudem haben wir, vor einer halben Stunde, die Pistolen auseinandergenommen, gereinigt, wieder zusammengesetzt, geladen und entsichert. Wir sind keine Träumer. Zum Ort unserer unvermeidlichen Aktion haben wir Erichs Wochenendhäuschen bestimmt. Da das einstöckige Gebäude mehr als eine Wegstunde von der nächsten Bahnstation, also recht einsam liegt, dürfen wir annehmen, daß jedes unerwünschte Ohr, in des Wortes wahrer Bedeutung, weitab vom Schuß sein wird. Das Wohnzimmer haben wir ausgeräumt und die Bilder zumeist Jagdszenen und Wildbretstilleben, von den Wänden genommen. Die Schüsse sollen ja nicht den Stühlen, warmglänzenden Kommoden und reichgerahmten Gemälden gelten. Auch wollen wir nicht den Spiegel treffen oder ein Porzellan verletzen. Nur auf uns haben wir es abgesehen.

Wir sind beide Linkshänder. Wir kennen uns vom Verein her. Sie wissen, daß die Linkshänder dieser Stadt, wie alle, die ein verwandtes Gebrechen drückt, einen Verein gegründet haben. Wir treffen uns regelmäßig und versuchen unseren anderen, leider so ungeschickten Griff zu schulen. Eine Zeitlang gab uns ein gutwilliger Rechtshänder Unterricht. Leider kommt er jetzt nicht mehr. Die Herren im Vorstand kritisierten seine Lehrmethode und befanden, die Mitglieder des Vereins sollten aus eigener Kraft umlernen. So verbinden wir nun gemeinsam und zwanglos eigens für uns erfundene Gesellschaftsspiele mit Geschicklichkeitsproben wie: Rechts einfädeln, eingießen, aufmachen und zuknöpfen. In unseren Statuten heißt es: Wir wollen nicht ruhen, bis daß rechts wie links ist.

Wie schön und kraftvoll dieser Satz auch sein mag, ist er doch lautester Unsinn. So werden wir es nie schaffen. Und der extreme Flügel unserer Verbindung verlangt schon lange, daß diese Sentenz gestrichen wird und statt dessen geschrieben steht: Wir wollen auf unsere linke Hand stolz sein und uns nicht unseres angeborenen Griffes schämen.

Auch diese Parole stimmt sicher nicht, und nur ihr Pathos, wie auch eine gewisse Großzügigkeit des Gefühls, ließ uns diese Worte wählen. Erich und ich, die wir beide dem extremen Flügel zugezählt werden, wissen zu gut, wie tief verwurzelt unsere Scham ist. Elternhaus, Schule, später die Zeit beim Militär haben nicht dazu beigetragen, uns eine Haltung zu lehren, die diese geringfügige Absonderlichkeit - geringfügig im Vergleich mit anderen, weitverbreiteten Abnormitäten- mit Anstand ertrüge. Das begann mit dem kindlichen Händchengeben. Diese Tanten, Onkels, Freundinnen mütterlicherseits, Kollegen väterlicherseits, dieses nicht zu übersehende, den Horizont einer Kindheit verdunkelnde, schreckliche Familienfoto. Und allen mußte die Hand gegeben werden: "Nein, nicht das unartige Händchen, das brave. Wirst du wohl das richtige Händchen geben, das gute Händchen, das kluge, das geschickte, das einzig wahre, das rechte Händchen!"

Sechzehn Jahre war ich alt und faßte zum erstenmal ein Mädchen an: "Ach, du bist ja Linkshänder!" sagte sie enttäuscht und zog mir die Hand aus der Bluse. Solche Erinnerungen bleiben, und wenn wir dennoch diesen Spruch -Erich und ich verfaßten ihn- in unser Buch schreiben wollen, so soll damit nur die Benennung eines sicher nie zu erreichenden Ideals versucht werden.

Nun hat Erich die Lippen aufeinandergepreßt und die Augen schmal gemacht. Ich tue das gleiche. Unsere Backenmuskeln spielen, die Stirnhaut spannt sich, schmal werden unsere Nasenrücken. Erich gleicht jetzt einem Filmschauspieler, dessen Züge mir aus vielen abenteuerlichen Szenen vertraut sind. Darf ich annehmen, daß auch mir diese fatale Ähnlichkeit mit einem dieser zweideutigen Leinwandhelden anhaftet? Wir mögen grimmig aussehen, und ich bin froh, daß uns niemand beobachtet. Würde er, der unerwünschte Augenzeuge, nicht annehmen, zwei junge Männer allzu romantischer Natur wollen sich duellieren? Sie haben die gleiche Räuberbraut, oder der eine hat wohl dem anderen Übles nachgesagt. Eine seit Generationen währende Familienfehde, ein Ehrenhandel, ein blutiges Spiel auf Gedeih und Verderb. So blicken sich nur Feinde an. Seht diese schmalen, farblosen Lippen, diese unversöhnlichen Nasenrücken. Wie sie den Haß kauen, diese Todessüchtigen.

Wir sind Freunde. Wenn unsere Berufe auch noch so verschieden sind -Erich ist Abteilungsleiter in einem Warenhaus, ich habe den gutbezahlten Beruf des Feinmechanikers gewählt- können wir doch so viel gemeinsame Interessen aufzählen, als nötig sind, einer Freundschaft Dauer zu verleihen. Erich gehört dem Verein länger an als ich. Gut erinnere ich mich des Tages, da ich schüchtern und viel zu feierlich gekleidet, im Stammlokal der Einseitigen eintrat, Erich mir entgegenkam, dem Unsicheren die Garderobe wies, mich klug, doch ohne lästige Neugier betrachtete und dann mit seiner Stimme sagte: "Sie wollen sicher zu uns. Seien Sie ganz ohne Scheu; wir sind hier, um uns zu helfen."

Ich sagte soeben "die Einseitigen". So nennen wir uns offiziell. Doch auch diese Namensgebung scheint mir, wie ein Großteil der Statuten, mißlungen. Der Name spricht nicht deutlich genug aus, was uns verbinden und eigentlich auch stärken sollte. Gewiß wären wir besser genannt, würden wir kurz, die Linken, oder klangvoller, die linken Brüder heißen. Sie werden erraten, warum wir verzichten mußten, uns unter diesen Titeln eintragen zu lassen. Nichts wäre unzutreffender und dazu beleidigender, als uns mit jenen, sicher bedauernswerten Menschen zu vergleichen, denen die Natur die einzig menschenwürdige Möglichkeit vorenthielt, der Liebe Genüge zu tun. Ganz im Gegenteil sind wir eine buntgewürfelte Gesellschaft, und ich darf sagen, daß unsere Damen es an Schönheit, Charme und gutem Benehmen mit manch einer Rechtshänderin aufnehmen, ja, würde man sorgfältig vergleichen, ergäbe sich ein Sittenbild, das manchen um das Seelenheil seiner Gemeinde besorgten Pfarrer von der Kanzel ausrufen ließe: "Ach, wäret Ihr doch alle Linkshänder!"

Dieser fatale Vereinsname. Selbst unser erster Vorsitzender, ein etwas zu patriarchalisch denkender und leider auch lenkender höherer Beamter der Stadtverwaltung, Katasteramt, muß dann und wann einräumen, daß wir nicht gutheißen, daß es am Links fehlen würde, daß wir weder die Einseitigen sind, noch einseitig denken, fühlen und handeln.

Gewiß sprachen auch politische Bedenken mit, als wir die besseren Vorschläge verwarfen und uns so nannten, wie wir eigentlich nie hätten heißen dürfen. Nachdem die Mitglieder des Parlamentes von der Mitte aus nach der einen oder anderen Seite tendieren und die Stühle ihres Hauses so gestellt sind, daß allein schon die Stuhlordnung die politische Situation unseres Vaterlandes verrät, ist es zur Sitte geworden, einem Schreiben, einer Rede, in der das Wörtchen links mehr als einmal vorkommt, eine gefährliche Radikalität anzudichten. Nun hier mag man ruhig sein. Wenn ein Verein unserer Stadt ohne polititsche Ambitionen auskommt und nur der gegenseitigen Hilfe, der Geselligkeit lebt, dann ist es der unsrige. Um nun noch jedem Verdacht erotischer Abwegigkeit hier und für alle Zeit die Spitze abzubrechen, sei kurz erwähnt, daß ich unter den Mädchen unserer Jugendgruppe meine Verlobte gefunden habe. Sobald für uns eine Wohnung frei wird, wollen wir heiraten. Wenn eines Tages der Schatten schwinden wird, den jene erste Begegnung mit dem weiblichen Geschlecht auf mein Gemüt warf, werde ich diese Wohltat Monika verdanken können.

Unsere Liebe hat nicht nur mit den allbekannten und in vielen Büchern beschriebenen Problemen fertig werden müssen, auch unser manuelles Leiden mußte verwunden und fast verklärt werden, damit es zu unserem kleinen Glück kommen konnte. Nachdem wir in der ersten, begreiflichen Verwirrung versucht hatten, rechtshändig einander gut zu sein, und bemerken mußten, wie unempfindlich diese unsere taube Seite ist, streicheln wir nur noch geschickt, das heißt, wie uns der Herr geschaffen hat. Ich verrate nicht zuviel und hoffe auch, nicht indiskret zu sein, wenn ich hier andeute, daß es immer wieder Monikas liebe Hand ist, die mir die Kraft gibt, auszuharren und das Versprechen zu halten. Gleich nach dem ersten, gemeinsamen Kinobesuch habe ich ihr versichern müssen, daß ich ihr Mädchentum schonen werde, bis daß wir uns die Ringe -hier leider nachgebend und das Ungeschick einer Veranlagung bekräfigend- an die rechten Ringfinger stecken. Dabei wird in südlichen, katholischen Ländern das goldene Zeichen der Ehe links getragen, wie denn auch wohl in jenen sonnigen Zonen mehr das Herz als der unerbittliche Verstand regiert. Vielleicht um hier auf Mädchenart zu revoltieren und zu beweisen, in welch eindeutiger Form die Frauen argumentiern können, wenn ihre Belange gefährdet zu sein scheinen, haben die jüngeren Damen unseres Vereins in emsiger Nachtarbeit unserer grünen Fahne die Inschrift gestickt: Links schlägt das Herz.

Monika und ich haben diesen Augenblick des Ringewechselns nun schon so oft besprochen und sind doch immer wieder zu demselben Ergebnis gekommen: Wir können es uns nicht leisten, vor einer unwissenden, nicht selten böswilligen Welt, als Verlobte zu gelten, wenn wir schon lang ein getrautes Paar sind und alles, das Große und das Kleine, miteinander teilen. Oft weint Monika wegen dieser Ringgeschichte. Wie wir uns auch auf diesen Tag freuen mögen, wird denn wohl doch ein leichter Trauerschimmer auf all den Geschenken, reichgedeckten Tischen und angemessenen Feierlichkeiten liegen. Nun zeigt Erich wieder sein gutes, normales Gesicht. Auch ich gebe nach, verspüre aber dennoch eine Zeitlang diesen Krampf in der Kiefermuskulatur. Zudem zucken noch immer die Schläfen. Nein, ganz gewiß standen uns diese Grimassen nicht. Unsere Blicke treffen sich ruhiger und deshalb auch mutiger; wir zielen. Jeder meint die gewisse Hand des anderen. Ich bin ganz sicher, daß ich nicht fehlen werde; und auch auf Erich kann ich mich verlassen. Zu lange haben wir geübt, fast jede freie Minute in einer verlassenen Kiesgrube am Stadtrand zugebracht, um heute, da sich so vieles entscheiden soll, nicht zu versagen. Ihr werdet schreien, das grenzt an Sadismus, nein, das ist Selbstverstümmelung. Glaubt mir, all diese Argumente sind uns bekannt. Nichts, kein Verbrechen haben wir uns nicht vorgeworfen. Wir stehen nicht zum ersten Mal in diesem ausgeräumten Zimmer. Viermal sahen wir uns so bewaffnet, und viermal ließen wir, erschreckt durch unser Vorhaben, die Pistolen sinken. Erst heute haben wir Klarheit. Die letzten Vorkommnisse persönlicher Art und auch im Vereinsleben geben uns recht, wir müssen es tun. Nach langem Zweifel -wir haben den Verein, das Wollen des extremen Flügels in Frage gestellt- greifen wir nun endgültig zu den Waffen. So bedauerlich es ist, wir können nicht mehr mitmachen. Unser Gewissen verlangt, daß wir uns von den Gepflogenheiten der Vereinskameraden distanzieren. Hat sich doch da ein Sektierertum breitgemacht, und die Reihen der Vernünftigsten sind mit Schwärmern, sogar Fanatikern durchsetzt. Die einen himmeln nach rechts, die anderen schwören auf links. Was ich nie glauben wollte, politische Parolen werden von Tisch zu Tisch geschrien, der widerliche Kult des eidbedeutenden, linkshändigen Nägeleinschlagens wird so gepflegt, daß manche Vorstandssitzung einer Orgie gleicht, in der es gilt, durch heftiges und besessenes Hämmern in Ekstase zu geraten. Wenn es auch niemand laut ausspricht und die offensichtlich dem Laster Verfallenen bislang kurzerhand ausgestoßen wurden, es läßt sich nicht leugnen: jene verfehlte und mir ganz unbegreifliche Liebe zwischen Geschlechtsgleichen hat auch bei uns Anhänger gefunden. Und um das Schlimmste zu sagen: Auch mein Verhältnis zu Monika hat gelitten. Zu oft ist sie mit ihrer Freundin, einem labilen und sprunghaften Geschöpf, zusammen. Zu oft wirft sie mir Nachgiebigkeit und mangelnden Mut in jener Ringgeschichte vor, als daß ich glauben könnte, es sei noch dasselbe Vertrauen zwischen uns, es sei noch dieselbe Monika, die ich, nun immer seltener, im Arm halte.

Erich und ich versuchen jetzt gleichmäßig zu atmen. Je mehr wir auch hierin übereinstimmen, um so sicherer werden wir, daß unser Handeln vom guten Gefühle gelenkt wird. Glaubt nicht, es ist das Bibelwort, welches da rät, das Ärgernis auszureißen. Vielmehr ist es der heiße, immerwährende Wunsch, Klarheit zu bekommen, noch mehr Klarheit, zu wissen, wie steht es um mich, ist dieses Schicksal unabänderlich oder haben wir es in der Hand, einzugreifen und unserm Leben eine normale Richtung zu weisen? Keine läppischen Verbote mehr, Bandagen und ähnliche Tricks. Rechtschaffen wollen wir in freier Wahl und durch nichts mehr vom Allgemeinen getrennt neu beginnen und eine glückliche Hand haben.

Jetzt stimmt unser Atem überein. Ohne uns ein Zeichen zu geben, haben wir gleichzeitig geschossen. Erich hat getroffen, und auch ich habe ihn nicht enttäuscht. Jeder hat, wie vorgesehen, die wichtige Sehne so unterbrochen, daß die Pistolen, nicht mehr kraftvoll genug gehalten, zu Boden fielen und damit nun jeder weitere Schuß überflüssig ist. Wir lachen und beginnen unser großes Experiment damit, ungeschickt, weil nur auf die rechte Hand angewiesen, die Notverbände anzulegen.

(Aus: Deutschland erzählt. Von Arthur Schnitzler bis Uwe Johnson, ausgew. u. eingel. von Benno von Wiese, Frankfurt a.M.: Fischer Taschenbuch, 1980, S. 280-285.) Erstdruck in "Neue Deutsche Hefte" Heft 45, April 1958, S. 38-42.

5.3.2 Textanalyse

Sujet: Das Sujet des Textes "Die Linkshänder" ist ereignisarm und durch den ständigen Wechsel von innerem Monolog eines (nicht namentlich bekannten) Ich-Erzählers und der Schilderung von Situation und Handlung aus der Sicht eben dieses Ich-Erzählers gekennzeichnet. Dabei wechseln Momente der Ruhe, die Züge einer Idylle aufweisen, mit Momenten der Spannung, die am Ende des Textes grotesk aufgelöst wird.

Eine Sujetbewegung kommt dadurch zustande, daß die beiden Hauptfiguren gewaltsam die Grenze zwischen Linkhändern und Rechtshändern überschreiten. Diese Grenzüberschreitung wurde von den beiden Figuren mehrfach versucht, indem sie sich in ihrem Verein bemühten, z.B. mit Hilfe von Geschicklichkeitsproben in das zweite semantische Teilfeld -die Welt der Rechtshänder- überzugehen.Doch trotz aller Anstrengungen will es ihnen aus eigener Kraft nicht gelingen. Der Kontrast zwischen Linkshändern und Rechtshändern ist identisch mit der Opposition zwischen den beiden semantischen Teilfeldern. Das erste Teilfeld -der Verein der Linkshänder, die "Einseitigen"- ist bestimmt durch Schwäche und Ungeschicklichkeit, Scham, Minderwertigkeitsgefühle und Demütigungen, die infolge der Intoleranz der Rechtshänder die Erfahrungen in Kindheit, Elternhaus, Schule und beim Militär geprägt haben. Durch diese Erfahrungen wurde gewissermaßen die Grenze zum zweiten semantischen Teilfeld aufgebaut. Das zweite semantische Teilfeld -die Welt der Rechtshänder- wird konstituiert durch Stärke und Geschicklichkeit sowie durch Intoleranz gegenüber den Linkshändern.

Die zum ersten Teilfeld gehörenden beiden Hauptfiguren -der Ich-Erzähler und sein Freund Erich- identifizierten sich anfangs mit ihrer Linkshändigkeit und versuchten, die "tief verwurzelte Scham" zu überwinden. Da sie jedoch selbst auch nicht zur Toleranz gegenüber Andersartigen fähig sind (z.B. gegenüber Homosexuellen, politisch Linken) -fast nebenbei treten neue Diskriminierungsbereiche und damit Grenzen zu anderen semantischen Teilfeldern in den Blick-, findet im Laufe der Erzählung eine völlige Werteverkehrung statt. Am Ende wird die Grenze gewaltsam übertreten: beide schießen auf die jeweils linke Hand des anderen. Die Figuren stehen am Schluß als Märtyrer da, die sich dem Zwang, dem Dogma der anderen Seite unterwerfen, weil es stärker ist als sie: "Die letzten Vorkommnisse persönlicher Art und auch im Vereinsleben geben uns recht, wir müssen es tun." Die Grenzüberschreitung mißlingt insofern, als die Figuren durch den Schußwechsel noch nicht zu Rechtshändern geworden sind. Ihr Scheitern ist grotesk, denn nun können sie weder die eine noch die andere Hand benutzen und sind damit wirklich mit einem Gebrechen geschlagen.

Figuren: Die Figurenkonstellation ist konstituierend für das Sujet. Sie beruht allein auf der Opposition von Linkshändern und Rechtshändern. Nur diese Eigenschaft bestimmt den Platz der Figuren im jeweiligen semantischen Teilfeld. Erzählt wird aus der Perspektive der Linkshänder. Obwohl sie in ihrem Verein ihren rechten "ungeschickten" Griff in Geschicklichkeitsübungen schulen, werben sie doch indirekt für Toleranz gegenüber ihrer "im Vergleich mit anderen, weitverbreiteten Abnormitäten" "geringfügigen Absonderlichkeit" . Im Verlauf des Textes wird jedoch deutlich -vor allem in den Worten der Hauptfigur-, daß dieser erwarteten Toleranz des Gegenübers auf der eigenen Seite nichts entgegengesetzt wird. In der Einstellung des Ich-Erzählers gegenüber Homosexuellen, die er als "bedauernswerte Menschen" bezeichnet, "denen die Natur die einzig menschenwürdige Möglichkeit vorenthielt, der Liebe genüge zu tun", und gegenüber politisch Linksgerichteten kommt die eigene Intoleranz in bezug auf Andersartigkeit deutlich zum Vorschein.

Die Figuren werden nur aus dem Blickwinkel des Ich-Erzählers, der Hauptfigur, dargestellt. Sie erscheinen ohne Angabe von Namen und Alter. Allein der Name des Freundes Erich wird genannt. Auch die Figuren des Gegenfeldes werden lediglich in Umrissen dargestellt: als "Tanten, Onkels, Freundinnen mütterlicherseits, Kollegen väterlicherseits". Die Charakterisierung beschränkt sich im wesentlichen auf die Gruppenzugehörigkeit zu den Links- bzw. Rechtshändern. Die fehlende Individualisierung weist auf die Modellhaftigkeit der dargestellten Gruppenkonstellation hin. Die Differenz zwischen den beiden semantischen Feldern kann auch verstanden werden als typisches Modell einer zweigeteilten Gesellschaft, in der eine scharfe Grenze der Intoleranz zwischen der "normalen" Allgemeinheit und den "abnormen" Randgruppen verläuft. In diesem Modell übt "das Normale" mit dem ihm zur Verfügung stehenden Norm- und Wertsystem einen starken Druck auf die andere Seite aus, so daß diese zur Anpassung gezwungen wird. Das gesellschaftliche Urteil wirkt als Instanz, vor der die Hauptfiguren ihre Handlung durch die Zurückweisung impliziter und expliziter Vorwürfe rechtfertigen: "Glaubt mir, all diese Argumente sind uns bekannt. Nichts, kein Verbrechen haben wir uns nicht vorgeworfen." Gesellschaftskonformität erreichen die Handlungsträger mit der Verkrüppelung ihrer linken Hände, d.h. nur über einen Teilverlust ihrer Identität. Die Karikatur eines Duells dient dazu, die Selbstverstümmelung als grotesken Höhepunkt gesellschaftlichen Anpassungsstrebens aufzudecken. Spätestens an dieser Stelle wird deutlich, daß der Blickpunkt des Autors dem seiner Hauptfiguren entgegengesetzt ist.

Hervorgehoben wird die Absurdität dieser Grenze in der Ringgeschichte. Die Liebesbeziehung der Hauptfigur zu Monika kann nicht durch den Bund der Ehe gekrönt werden, da beide als Linkshänder den Ring links tragend weiterhin als Verlobte angesehen werden würden. Sie können es aber mit ihrer "linken" Natur nicht vereinbaren, den Ring auf der rechten Hand zu tragen. Daran scheitert ihre Beziehung. Den Figuren lassen sich folgende Attribute konstrastiv zuordnen:

Linkshänder	*Rechtshänder*
mit einem Gebrechen	gesund
ungeschickt	geschickt
Scham	Stolz
Absonderlichkeit/ Abnormität	Normalität
unartig(es) Händchen	braves, gutes, kluges, einzig wahres Händchen

Raum: Der Raum basiert auf der Grundopposition von "links" und "rechts". Dadurch werden die Figuren den beiden semantischen Teilfeldern zugeordnet, d.h. im Text wird die Opposition zwischen Links- und Rechtshändern zur Grundlage des Sujets. Dieser Grundopposition sind weitere oppositionelle Elemente des Textes zuzuordnen:

links	*rechts*
das Eigene	das Fremde
Verein	Allgemeinheit
falsch	richtig
Herz	Verstand
Verlobungsring	Ehering
homosexuell/ erotische Abwegigkeit	heterosexuell/ einzig menschenwürdige Liel
politisch/ links-radikal	unpolitisch
Scham	Stolz
Wirklichkeit	Ideal
Unsicherheit	Sicherheit
sich helfen	belehren
Schwäche	Stärke
unglücklich	glücklich
streicheln	enttäuscht zurückziehen

Die Grenze teilt den semantischen Raum in die Teilfelder "links" und "rechts". Die zwei Hauptfiguren überschreiten diese Grenze gewaltsam und müssen sich dafür den Vorwurf der "Selbstverstümmelung" und des "Sadismus" gefallen lassen. Sie haben sich innerlich bereits von ihrem Teilfeld gelöst, und spüren eine immer größer werdende Distanz gegenüber dem im Verein sich breit machenden

"Sektierertum", gegenüber den "Fanatikern" und den "Schwärmern". Doch nach dem Grenzübertritt stehen sie zwischen den Teilfeldern: Sie können ihre linke Hand nicht mehr und ihre rechte noch nicht gebrauchen. Damit wird die Spannung am Ende aufgelöst, die Handlung kippt um, und die semantische Opposition richtig-falsch verkehrt sich: "... ist dieses Schicksal unabänderlich oder haben wir es in der Hand, einzugreifen und unserem Leben eine normale Richtung zu weisen.". Das Eigene wird als unnormal und der Norm anzupassen empfunden: "Rechtschaffen wollen wir in freier Wahl und durch nichts mehr vom Allgemeinen getrennt neu beginnen und eine glückliche Hand haben." Die Norm der Rechtshänder ist hier endgültig verinnerlicht, die Scheinheiligkeit von Ich-Erzähler und Erich offenbart sich.

Rahmen: Mit der Überschrift "Die Linkshänder" als ein Bestandteil des Rahmenelementes Anfang wird zugleich auf das Sujet und die Figuren verwiesen. In diesen Wörtern steckt die Erklärung für das Handlungsmotiv der Figuren: Die Linkshänder sind durch eine Grenze von den Rechtshändern getrennt und wollen diese Grenze überwinden. Gleich am Anfang des Textes wird diese Handlung vorweggenommen, doch noch nicht ganz vollzogen. Die genauen Motive werden erst spezifiziert, bevor die Handlung zum Abschluß kommt. Das Ende nimmt die Anfangssituation wieder auf. Die scheinbare Feindlichkeit der Figuren wird aufgelöst und die Duellsituation gerät zur Selbstverstümmelungsszene. Der Rahmen schließt sich mit der vollzogenen Grenzüberschreitung der Handlungsträger.

Der Rahmen korreliert ebenfalls mit dem Element Blickpunkt, indem der Text aus der Sicht des Erzählers, eines Linkshänders, erzählt wird. Am Schluß des Textes wird die Beziehung zwischen Rahmen und Sujet konkretisiert. Die beiden Linkshänder wollen mit Gewalt die Grenze zu den Rechtshändern überschreiten. Sie durchtrennen sich gegenseitig mit einem Schuß die Sehnen des linken Armes und sind damit auf ihre "ungeschickte Rechte" angewiesen. Das Anfangselement hat sich gewissermaßen umgekehrt, denn die Handlungsträger sind nun keine Linkshänder mehr.

Blickpunkt: Erzählt wird aus der Perspektive des Ich-Erzählers, der mit einem der beiden Handlungsträger identisch ist. Ein Perspektivenwechsel findet nur insofern statt, als der Erzähler einmal in der Ich-Form und einmal in der Wir- Form spricht und dabei die Person des zweiten Handlungsträgers miteinschließt. Aus dem Blickwinkel des Erzählers werden auch alle anderen Personen dargestellt, wodurch der Text seinen monologisch-reflektierenden Charakter erhält. Die Sicht der anderen Figuren erscheint damit jeweils gebrochen durch die Perspektive der Hauptfigur. Sämtliche Wertungen, Schlußfolgerungen und Emotionen sind durchgängig dem Erzählerblickpunkt vorbehalten. Es bleibt somit dem Leser überlassen, diese Leerstelle zu füllen und kontrastierende Blickpunkte zu ergänzen. Durch die einseitige Orientiertheit des Blickpunktes auf die Linkshänder, wird deren "Handikap" überbetont und erfährt dadurch eine Ironisierung.

Da der Erzählerblickpunkt den Text dominiert, bestimmt er auch die Orientiertheit des künstlerischen Raumes. Der Raum ist aus der Sicht der Linkshänder aufgebaut, was zusätzlich durch das Rahmenelement Anfang hervorgehoben wird. Das linke semantische Teilfeld ist ausführlich dargestellt, während die Bestandteile des zweiten -rechten- Teilfeldes nur genannt werden, wenn sie jeweils in Opposition zum ersten Teifeld stehen.

Einstellung: Die Einstellung wechselt analog zu den unterschiedlichen Zeitebenen des Textes. Zunächst sind Naheinstellungen jeweils an den Stellen zu verzeichnen, wo das Anfangselement des Rahmens wiederaufgenommen und gegenwärtiges Geschehen - in der Duellsituation- dargestellt wird. Der Übergang zur Totaleinstellung vollzieht sich immer dann, wenn der Erzähler Vergangenes berichtet, so z.B. Kindheitserlebnisse, Jugenderinnerungen sowie unmittelbare Vergangenheit aus dem Vereinsleben. Die Totaleinstellung dient damit zugleich der Darstellung der Oppstition der beiden semantischen Teilfelder mit den in ihnen agierenden Figuren. An diesen Stellen korreliert die Einstellung mit dem Blickpunkt, und andere Figurensichtweisen werden durch den Erzähler wiedergegeben. Der Einstellungswechsel erlangt so sujetunterstützende Funktion, da mittels Totaleinstellung die Handlungsmotive der Figuren genau ausgeleuchtet werden.

5.3.3   *Vorstrukturierung und Fragebögen zum Text*

5.3.3.1 Vorstrukturierung

Die Vorstrukturierung fand in Form eines zwanglosen Gruppengesprächs statt und dauerte im Durchschnitt 30 Minuten. Sie besteht aus drei Teilen (vgl. Abschnitt 4.2.1.). Im ersten Teil wurde den Versuchspersonen der Titel der Kurzgeschichte genannt, und sie wurden dann aufgefordert, ihre Erwartungen bezüglich des Textinhaltes zu äußern.

Danach wurden den Testpersonen vom Versuchsleiter einige Schlüsselwörter des Textes genannt, zu denen sie die Bedeutung in der deutschen Sprache herausarbeiten sollten. Zusätzlich wurden sie gefragt, ob es eine direkte Übersetzung des jeweiligen Wortes in ihrer Muttersprache gibt. Die Schlüsselwörter wurden über einen Vortest mit deutschen Versuchspersonen nach der Häufigkeit ihrer Nennung sowie auf der Grundlage der Textanalyse ausgewählt. Sie lauten für den Grass-Text:

a) die Linke - linke Brüder - linker Vogel
b) die Rechtschaffenheit - rechtschaffen
c) die Vereinsmeierei - der Vereinsmeier
d) das Duell
e) der Außenseiter.

Für den dritten Teil der Vorstrukturierung wurden Fragen zu den Variablengruppen kulturvergleichender Forschung (siehe Abschnitt 4.2.1.) formuliert, die für die Textrezeption von Bedeutung sein könnten. Die Fragen sprachen dabei auf einem allgemeineren Niveau als im Text selbst Probleme an, um die es im Text ging. Bei der Beantwortung der Fragen wurde besonders auf die Herausarbeitung von Unterschieden zwischen der deutschen und der eigenen Kultur Wert gelegt. Diese Unterschiede konnten sich entweder unmittelbar auf eigene Erfahrungen stützen oder aber auch auf übernommene Vorurteile, auf Gehörtes bzw. Gelesenes über die fremde, deutsche Kultur. In bezug auf den Grass-Text waren es folgende Fragen zu a) Wertsystemen und zu b) überzufälligen Verhaltensweisen:

a) Wertsysteme
- Sind Linkshänder und Rechtshänder gleichwertig?
- Ist einer von beiden in der Gesellschaft besser oder schlechter angesehen?
- Wie verhält sich die Öffentlichkeit/ die Gesellschaft gegenüber Menschen, die "anders" sind, gegenüber sogenannten Außenseitern (z.B. Homosexuelle, Behinderte)?
- Welche Erfahrungen haben Sie dazu in Deutschland und in Ihrem Land gemacht?
- Erwartet man Anpassung oder reagiert man mit Toleranz?
- Was denken Sie über Menschen, die versuchen, sich anzupassen?
- Ist Anpassung in Ihren Augen feige?
- Wie weit sollte/ dürfte sie gehen?

b) Überzufällige Verhaltensweisen
- Ist jemand von Ihnen Mitglied in einem Verein?
- Spielen Vereine bei Ihnen eine Rolle? Spielen sie in Deutschland eine Rolle?
- Gibt es in Ihrem Heimatland viele Vereine?

Diese Fragen wurden den Versuchspersonen zur Diskussion gestellt, wobei sie nur eine Katalysatorfunktion zu erfüllen hatten, um das Gespräch über die Probleme von Anpassung, Toleranz, Andersartigkeit und Vereinsbildung in der Gesellschaft in Gang zu setzen.

5.3.3.2 Lesertest-Fragebogen

Alter:	...Jahre
Geschlecht:	...männlich / ... weiblich
Nationalität:	...
Studienrichtung:	...
Semester:	...

Muttersprache:...

Was bedeuten die folgenden Wörter für Sie?
Woran denken Sie, wenn Sie diese Wörter lesen?
Notieren Sie Ihre Gedanken in Stichpunkten hinter dem betreffenden Wort!
Schreiben Sie alles auf, was Ihnen dazu einfällt!

1. LINKSHÄNDER
2. RECHTSHÄNDER
3. VEREINE / VEREINSLEBEN
4. SEKTIERERTUM
5. ANPASSUNG
6. DIE LINKEN
7. DIE LINKEN BRÜDER
8. DUELL

5.3.3.3 Rezeptionstest-Fragebogen

1) Wie gefällt Ihnen der Text? (Zutreffendes ankreuzen!)
- sehr gut
- gut
- mittelmäßig
- wenig
- überhaupt nicht

Begründen Sie bitte Ihre Antwort!

2) Regt Sie der Text zum Nachdenken an?
- sehr stark
- stark
- mittelmäßig
- wenig
- überhaupt nicht
- Erklären Sie kurz!

3) Wie verständlich ist der Text für Sie?
- sehr leicht
- leicht
- teilweise

- schwer
- sehr schwer
- Woran liegt das?

4) Können Sie sich mit der Hauptfigur identifizieren? Begründen Sie bitte Ihre Antwort; auch wenn Sie mit "nein" geantwortet haben!

5) Warum trägt die Erzählung den Titel "Die Linkshänder"? Könnte Sie nicht auch "Die Rechtshänder" heißen?

6) Die Erzählung beginnt und endet mit der Duellsituation. Aus welchem Grund führt der Autor das Duell nicht gleich am Anfang zu Ende aus; warum unter bricht er die Schilderung des Duells?

7) Wie erscheinen die beiden Figuren in der Duellsituation?

8) Wie werden in der Erzählung die Linkshänder und die Rechtshänder charakterisiert? Beschreiben Sie die Eigenschaften dieser beiden Gruppen getrennt! Gibt es auch Gemeinsamkeiten?

9) Welche Beziehungen bestehen zwischen Links- und Rechtshändern?

10) Welche Ziele verfolgte der Verein am Anfang? Inwiefern verändern sie sich?

11) Erläutern Sie, warum sich der Verein nicht einfach "Die Linken" oder "Die linken Brüder" nennen wollte!

12) Warum versuchen nicht die Rechtshänder, ihre linke Hand "geschickt" zu gebrauchen? Wollen oder müssen sich die Linkshänder anpassen? Bitte begrün den Sie!

13) Welche Einstellung hat der Autor der Erzählung zu Linkshändern?

14) Woran scheitert die Liebesbeziehung des Erzählers zu Monika?

15) Aus welchen Gründen schießen die beiden Hauptfiguren aufeinander?

16) "Rechtschaffen wollen wir in freier Wahl und durch nichts mehr vom All gemeinen getrennt neu beginnen und eine glückliche Hand haben." Inter pretieren Sie dieses Ziel der Hauptpersonen1

17) Haben die beiden Hauptfiguren am Ende ihr Ziel erreicht? Begründen Sie Ihre Meinung!

18) Was ist Ihrer Meinung nach das zentrale Thema der Erzählung?

Die Fragen 1-4 sollten die emotionale Rezeption erfassen. Die Ermittlung des individuellen Texteindrucks konzentrierte sich dabei auf die Faktoren "Gefallen", "Zum Nachdenken anregend", "Verständlichkeit" und "Identifikationsbereitschaft". Um zu verhindern, daß die Urteile auf den Intensitätsskalen unreflektiert verteilt werden, wurde zusätzlich eine kurze Begründung der Entscheidung verlangt.

Mit den Fragen 5-18 sollte die kognitive Rezeption des Textes erhoben werden. Darauf lag verständlicherweise der Hauptakzent des Fragebogens. Die Fragen lassen sich hierbei grob in zwei Gruppen unterteilen: in Fragen nach einfachem Sinnverständnis (8,10,14,15), d.h. nach Fakten, die ohne große inferentielle Verarbeitungsprozesse dem Text zu entnehmen sind, und in die weitaus größere

Gruppe der Fragen, die schlußfolgerndes Lesen zur Herstellung der expliziten Textbasis voraussetzen (5,6,7,9,11,12,13,16,17,18).

Inhaltlich lassen sich die Fragen noch dahingehend unterscheiden, auf welche Textdimensionen mit den jeweils darin enthaltenen Leerstellen sie sich beziehen:

a) Fragen nach dem Sujet und den Figuren: 9,10,11,14,15,16,17,18

Frage 9 zielt anhand der Figurenkonstellation auf den Mittelpunkt der Sujetkonstituierung: auf die Grenze der Intoleranz, die zwischen den beiden semantischen Teilfeldern verläuft. Vom Leser werden hierfür zusammenfassende Abstra ktionen erwartet, d.h. er muß von einzelnen Textpassagen auf eine Gesamtaussage schließen können.

Frage 10 richtet sich wie Frage 15, jedoch in konkreter Weise, auf die Sujetbewegung selbst und zwar auf einen Teilaspekt: auf die Ereignisse innerhalb des Vereins. Zur Beantwortung dieser Frage muß der Leser das vom Autor verwendete Bild des Sektierertums verstehen und im Textzusammenhang deuten.

Frage 11 bezieht sich auf einen im Text fast nebenbei erwähnten Teilaspekt der Figurencharakteristik. Während die Linkshänder auf der einen Seite Toleranz gegenüber ihrer Andersartigkeit erwarten, können sie dieselbe Toleranz jedoch nicht für politisch Andersdenkende und für Homosexuelle aufbringen. Hier wird direkt das Vorwissen des Lesers zu den Begriffen "Die Linken" und "Die linken Brüder" angesprochen.

Frage 14 fragt nach einer Ursache, die für die Sujetbewegung verantwortlich ist: nach den Gründen für das Scheitern der Liebesbeziehung des Erzählers zu Monika. Die beiden wollen sich weder der Norm beugen und die Eheringe an der rechten Hand tragen, noch möchten sie sich falschen Urteilen der Öffentlichkeit bezüglich ihres Familienstandes aussetzen. Die Absurdität der Grenze rückt in diesem Teilaspekt des Sujets besonders deutlich ins Blickfeld. Um diese Frage zu beantworten, muß der Leser über den unterschiedlichen Symbolwert des Ringes auf der rechten und auf der linken Hand Bescheid wissen.

Frage 15 zielt auf eine Zusammenfassung aller Ereignisse, die letztendlich zur Sujetbewegung führen. Der Leser muß dabei sowohl Aspekte aus der Figurencharakteristik als auch aus der Darstellung des semantischen Feldes mit seiner zwischen "links" und "rechts" verlaufenden Grenze in einen verallgemeinernden Handlungszusammenhang bringen. Auch hier werden wie in Frage 9 verallgemeinernde Schlußfolgerungen erwartet. Dabei wird das Vorwissen des Lesers zu gesellschaftlichen Konventionen, Normen und Werten angesprochen, die auf den einzelnen so starken Druck ausüben können, daß er sich um den Preis eines Teilverlustes seiner Identität anpaßt.

Frage 16 richtet sich in konkreterer Form anhand einer Textinterpretation auf den gleichen Sachverhalt wie die Frage 15. Sie fordert den Leser auf, an einer

76

konkreten Textstelle die Handlungsmotive der beiden Figuren zu ergründen und gleichzeitig auch zu werten.

Frage 17 fordert vom Leser die Erkenntnis, daß die beabsichtigte Grenzüberschreitung mißlungen ist und daß die Figuren nach der Verletzung ihrer rechten Hände nun mit einem doppelten Handikap geschlagen sind. Da die Figuren also nicht im anderen Teilfeld aufgehen können, ist das Ende des Textes offen.

Frage 18 verlangt nach einer Verallgemeinerung des Sujets und damit die Abstraktion vom konkreten Text. Es soll ermittelt werden, ob der Leser sich vom Text zu lösen und dabei eine Verbindung zwischen künstlerischer Textwelt und Wirklichkeit herzustellen vermag. Der Leser muß wieder sein Wissen über die gesellschaftliche Realität, vor allem über das Verhalten der Gesellschaft gegenüber sogenannten Randgruppen einbringen. Zugleich werden auch die Erfahrungen des Lesers im Umgang mit Literatur angesprochen: Er muß sich dessen bewußt sein, daß der Text über die eigentliche Oberflächenstruktur hinaus noch eine Bedeutung enthält, die auf die außerhalb des Textes liegende Welt verweist.

b) Fragen nach dem Blickpunkt: 7,13

Frage 7 richtet sich auf den Versuch der Grenzüberschreitung der beiden Hauptfiguren. Hier soll ermittelt werden, inwiefern die Leser die ironisch-distanzierende Darstellung der Figuren und damit die Dimension des Autorblickpunktes nachvollziehen können. Es geht dabei auch um die Erfassung der Gegensätzlichkeit der Position des Autors und der Hauptfigur in der Person des Erzählers, deren überbetonte Selbstdarstellung die Beschreibung der Duellsituation bestimmt.

Frage 13 erfragt ebenfalls die Position des Autors, fordert aber im Unterschied zu Frage 7 zur Berücksichtigung des gesamten Textes und damit zur Universalisierung auf. Hier muß der Leser vor allem wissen, daß der Autorblickpunkt nicht unbedingt dem des Erzählers oder der Hauptfigur entsprechen muß, sondern diesem eher häufig entgegengesetzt ist.

c) Fragen nach dem Rahmen und dem Blickpunkt: 5

Frage 5 richtet sich auf die Bedeutung des Titels, der die Sujetkonstituierung bereits vorwegnimmt. Der Titel als Anfangselement des Rahmens korreliert mit dem Figurenblickpunkt der Linkshänder, aus deren Perspektive der Text erzählt wird. Wieder werden die Leseerfahrungen der Versuchspersonen angesprochen und ihr Wissen über mögliche Funktionen und Bedeutungen von Titeln literarischer Texte.

d) Fragen nach der Einstellung: 6

Frage 6 verweist auf den Einstellungswechsel im Text, durch den die verschiedenen Aspekte der Sujetkonstituierung ausgeleuchtet werden können. Die Einstellung korreliert dabei jeweils mit dem Rahmen. In diesem Text sind die

Rahmenelemente des Anfangs und Endes inhaltlich gleich: Der Text beginnt und endet mit der Duellsituation. Das Duell wird mittels Naheinstellung genau ausgeleuchtet, während durch den Wechsel zur Totaleinstellung die verschiedenen Aspekte des Sujets dargestellt werden, wobei es insbesondere um die Rechtfertigung dieses Duells durch den Erzähler geht. Der Leser soll erkennen, daß die Gründe für die eigentliche Handlung, die den Rahmen bildet, dargestellt werden müssen.

e) Fragen nach dem Raum und den Figuren: 8,12

Frage 8 verlangt eine Charakteristik der Figuren, und da die Figurenopposition der des semantischen Raumes entspricht, werden gleichzeitig dessen Teilfelder beschrieben.

Frage 12: Es ist grundsätzlich möglich, daß die Grenze innerhalb eines semantischen Feldes zu zwei Sujetketten mit gegenläufiger Richtung entwickelt werden kann (Lotman 1989: 339). In diesem Text wurde jedoch nur eine Sujetkette entwickelt, so daß auch die Grenzüberschreitung nur in eine Richtung möglich ist. Die Frage zielt also auf die Erfassung dieser Gerichtetheit der Sujetbewegung, die vor allem unter Berücksichtigung des dominanten Figurenblickpunktes deutlich wird. Der Leser muß hier wieder sein Wissen über gesellschaftliche Konventionen anwenden: Anpassung wird immer von der Minderheit verlangt.

5.4 Text II: Gabriele Wohmann, "Ein schöner Tag"

5.4.1 Abdruck des Textes

Das war heute zum Beispiel wieder ein schöner Tag. Nicht zu früh und nicht zu spät hat mein Traum aufgehört. Die Nacht verlief gut, dank der medikamentösen Behandlung, mit der ich gestern meine Rhinitis ziemlich rigoros bekämpft habe, bin ich nur zweimal aufgewacht. Es gibt ja auch Leute, die durchschlafen, Robert etwa. Aber was weiß Robert schon von gelungenen Nächten? Gleichmäßiges Wohlergehen wird zur Einrichtung und nicht mehr gewürdigt.

Beim Aufwachen waren wir freundlich zueinander, Robert und ich, ohne große Anstrengung. Wie jeden Sonntag ist er zu mir ins Bett gekrochen. Das ist also jeden Sonntag schön und dauert maximal zwanzig Minuten. Während Robert im Anschluß daran auf dem Teppich im Studio die Gymnastikübungen absolviert hat, die ihm gegen die Bellermansche Krankheit verordnet sind, wurde in der Küche mein Espresso fertig. Wie immer habe ich Robert um zwei Tassen betrogen, daraus sollte ich mir jedoch keinen neurotischen Vorwurf zimmern, dies kleine Delikt hat seinen festen und beinah vernünftigen Platz in meinem Tagesablauf, und es führt eine Reihe ähnlicher Verstöße an, die unauffällig das Leben erleichtern. Kein gefestigter Mensch bezichtigt sich ihrer. Ich rede also sinnvollerweise von der Wohltat für Robert: seinen leeren Magen würde das Coffein nur reizen.

Ein schöner Tag, ein ruhiger Tag. Ruhig blicke ich auf ihn zurück. Nichts, worüber ich mich beklagen könnte. Ich bewege mich fast schon wieder wie früher, vor der Operation. Wie gut doch alles verläuft. Sie haben sich einer Operation unterziehen müssen, hat Herr Beier mich am Telefon gefragt. Seine diskrete Neugier macht wirklich immer wieder einen angenehmen Eindruck. Sie würden mir gern ein paar Blumen bringen. Wie liebenswürdig, aber es paßt schlecht heute, zu dumm.

Die Sonne schien übrigens auch. Wir haben auf dem etwas zugigen Platz gesessen, den der Architekt Loggia nennt. Ein schönes Frühstück. Beinah hätte das Telefonat mich zu lang aufgehalten und die weißen Bohnen wären matschig, die Eidotter hart, die Speckscheiben hutzlig geworden. Weil mir aber eingefallen war o es klingelt -Pech- ich muß an die Haustür in die Muschel zu rufen, ist alles so geraten, wie Robert und ich es wünschen. Hast du dich zu einer Verabredung mit den Beiers durchgerungen, wollte Robert wissen, und ich antwortete Ja, aber Sie können leider nicht. Es war mir möglich, diese nicht der Wahrheit entsprechende Antwort zu geben, weil das Geräusch von Roberts Rasierapparat meine Sätze zu Herrn Beier gedeckt hat. Ich mag die Aufmerksamkeit nicht besonders, mit der, ich stelle es mir vor, Robert Frau Beier an einem sonnigen Sonntag betrachtet. Es ist nichts dabei, Robert auf diese echt weibliche Weise zu hintergehen, es fällt nicht ins Gewicht. Wer seinen Mann liebt, schützt ihn vor Versuchungen. Gefahren für unser Zusammenleben würde er übrigens selber fürchten. Ehepartner müssen eifersüchtig sein, andernfalls brauchen sie sich über Verluste nicht zu wundern. Die Eifersucht ist eine natürliche Vorsichtsmaßnahme.

Wir werden um das Freigelände beneidet, über das wir an der Westfront unseres Hauses verfügen. Mein Vater, meine Tante und meine Schwester, die drei kämen gern öfter zu uns heraus. Der Konkurs meines Vaters hat sie in eine enge Wohnung verschlagen. Leider sind die Stunden gezählt, die Robert und ich der Geselligkeit opfern können. Abends haben wir bisweilen Besuch oder wir gehen aus. Abends kommt von meiner Familie niemand. Es ist ein schönes Haus. Was für ein schöner Tag war das heute in diesem schönen Haus und um es herum. Die großen Fenster gehen auf den schönen Wald. Schöne Fasanen und schöne Hasen nähern sich in schöner Zutraulichkeit unseren verschiedenen schönen Sitzplätzen. Meine Familie würde gar nicht gut daran tun, uns allzuoft zu besuchen: jede Rückkehr schärft ihnen den Blick für ihr dunkles Zwangsquartier.

Das Telefonat mit meinem Vater war auch nicht dazu geeignet, Niedergeschlagenheit hervorzurufen. Zum Glück bin ich mit dem Frühstück gerade fertig gewesen. Meiner Tante ist es beim Spaziergang schlecht geworden, das kommt jetzt wiederholt vor, aber schließlich findet sie im Unterholz Schutz, und vielleicht sind die Tabletten, dämpfende Gaben für ihr hypertonisches Herz, nicht ganz schuldlos an diesen peinlichen Zwischenfällen, die ich dennoch für unerheblich halte. Sie werden ja nicht jünger, die Verwandten werden älter, das bleibt nicht aus. Sie hat sich übergeben, sie ist blaß auf den Weg zu den andern am Spaziergang Beteiligten zurückgekehrt; und meinen Verwandten, die sie mit großer Hast beruhigte, ist es entgangen, daß sie ratlos aussah.

Es gelang mir, mich mit Hilfe der Ich habe genug-Arie abzulenken. Gegen Traurigkeit hilft traurige Musik mir fast zuverlässig. Selbstverständlich bin ich gar nicht ausgesprochen traurig gewesen, eher leicht betrübt, mit Tanten ist man ja nicht so nah verwandt; jetzt weiß ich es, diese leicht betrübte Stimmung entstand aus Mitgefühl, das ist eine schöne Regung, schön humanitär, Mitgefühl in aller Ruhe bei laut aufgedrehtem Bach- ich verständige Robert, der mir grollt, weil ich den Baßbariton singend unterstütze: Ich freue mich auf meinen Tod. Hör auf damit. Außerdem ist es nicht wahr. Viele Male am Tag hat Robert recht und jetzt wieder. Dies bißchen Gerede kann man noch lange nicht Streit nennen. Allerdings geht es, fürchte ich, auf einen Hörfehler zurück, daß ich meine Tante für die Patientin des gestrigen Spaziergangs halte. Ich glaube, mein Vater hat von meiner Schwester gesprochen. Meine Schwester brachte von jenem Spaziergang einen schönen Strauß mit in die Notwohnung. Sie gehört zu diesen anspruchslosen Leuten, die auf Waldlichtungen Sträuße pflücken.

Der Lambert hat uns auch nicht weiter gestört. Wenn man einmal fest vorhat, daß man, wie beharrlich ein ungebetener Gast auch sitzenbleibt, keine Mahlzeit serviert wird, klärt sich die Lage und läßt sich ertragen. Überrumpeln uns Besucher, so ermögliche ich es Robert, sich unter Vorwänden zurückzuziehen. Du, Robert, wolltest dich ja gerade über die Steuer hermachen, sage ich. Robert, sage ich, der Gute, schade, daß er nicht hier gemütlich mit uns zusammensitzen kann. Robert schindet sich ab mit den Korrekturen. Während ich heute zwischen 15 und 15.30 Uhr mit Lambert redete, sann ich darauf, was für ein Vorhaben Robert und mich binnen einer Stunde nötigen könnte, den leider vorzeitigen Abschied Lamberts zu erbitten. Wie ärgerlich, Lambert, dich schon wieder herzugeben. Es war so anregend. Lambert, der sich einen Imbiß ausgerechnet hat, steht unbefriedigt endlich auf der Schwelle. Es kann jetzt nur noch knapp fünf Minuten dauern, bis er endgültig auf und davon ist. Lambert ist ein netter Freund. Wir winken ihm lange nach. Unser Haus liegt zum Glück so, daß man lang winken kann. Winken, wie wir es grundsätzlich betreiben, vielfach mit Taschentüchern und beiden Händen, wirkt auf alle Leute günstig. Diese freundlichen Roberts, denken sie, während sie die lahmen Handgelenke hinter der Wegbiegung ausruhen, angenehm der Umgang mit ihnen, die man bedauerlicherweise immer nur so kurz zu sehen bekommt. Lamberts Stippvisite hat auch dazu beigetragen, daß dies ein schöner Tag war. Ich befinde mich, nach beinah fanatischem Winken, wieder im status quo ante. Lambert hat mir heute wieder die prekäre Situation der peinture pure innerhalb sämtlicher Gegenströmungen skizziert.

Kaum war er weg, da stand auch mein Tee schon auf dem Tisch. Zum Tee die traditionelle Beigabe: eine Gebäckmischung namens Früchtegarten. Ist man nur für zwei Personen gerichtet, so hat es gar keinen Zweck, eine dritte hinzuzubitten. Für dieses Gebäck besitze ich wirklich eine Schwäche. Mittels einer Cremeschicht pappen zwei Gebäckhälften aufeinander. Mir ist flüchtig eingefallen, daß meine Schwester zur Senkung des Prothrombinspiegels auf das therapeutische Niveau von 20 bis 30 Prozent auf Schritt und Tritt Sintrom mit sich herumschleppen muß. Das wird sich bald ändern, sagt Robert ärgerlich. Sehr bald werden sie mit dieser Dosierung ausschleichen. In Gesellschaft Dritter bleibt mir beim Verzehr des Gebäcks Früchtegarten der Genuß fast ganz vorenthalten, denn ich bereite ihn mir mit einer besonderen Eßtechnik. Im Grunde bin ich nur auf die Cremeschicht aus, aber ohne die beiden hinderlichen Gebäckhälften, die ich mit den Zähnen abklappe, käme es gar nicht zur Klimax. Anstrengung gehört dazu.

Meine Schwester hätte uns am heutigen Nachmittag gern besucht. Sie, meine Tante und mein Vater vermissen die Terrasse des früheren, nun verlorenen Hauses. Meine Schwester, die im Freien viel liegen soll, hat dort Stunden und Stunden auf einem Ruhebett verbracht. Wir hier konnten das Ruhebett gut gebrauchen und haben es übernommen. Ein schöner Tag, wir verbrachten ihn fast ausschließlich auf der Loggia, bis gegen 17 Uhr: um diese Zeit verspürte ich eine Vorahnung, so als wäre doch wieder jemand zu uns unterwegs, und es ist mir gelungen, Robert zum Besuch des Städtischen Museums zu bewegen. Kantor und Oberbürgermeister des ausgehenden 19. Jahrhunderts haben es fast durchweg aus Geschenken der Bürger zusammengestellt und 1882 gegründet. Wir waren schon einmal hier, und auch dieser Tag vor ungefähr drei Jahren ist mir als ein schöner Tag in Erinnerung. Wenn man ehrlich ist, gibt es ziemlich viele schöne Tage. Wir haben den Rundgang gemacht. Hier trifft man keinen, den wir kennen. In der Eingangshalle sind wir bei den Wappen der Fürstäbtissin Charlotte und der eisenbeschlagenen Geldtruhe eines Steuereinnehmers aus dem 18. Jahrhundert flüchtig gewesen. Im Keller tat uns die Kühle wohl. In dieser Abgeschiedenheit denke ich in aller Ruhe unangefochten an meine Familie. Von Lapidarium I bis III, bei Steinplastiken, romanischen Architekturfragmenten, bei den Resten der Nikolaikirche und den Wappen des 16. und 17. Jahrhunderts hat Robert sich in sein angeborenes Interesse für alles, was beschildert und unter Glas ist, zurückgefunden, dies Interesse, von dem Frieden ausgeht und das am Zustandekommen schöner Tage beteiligt ist. Nirgendwo werde ich ruhiger als in Lichthöfen mit Robert, vor Schaukästen mit Bodenfunden und Stadtansichten, gegenüber Vitrinen mit Scherben, Faksimiles und meinem undeutlichen Spiegelbild. Schöne, beruhigende Langeweile nimmt mich ein, sobald ich den Fuß auf die Schwelle eines Museums setze. In Raum 10, dem

Schnitzbalkenraum, der beachtliche Schnitzwerke von abgebrochenen Fachwerkhäusern enthält, hat Robert auch nicht den Arm um mich gelegt. Hinter ihm her, immer hinter ihm her, ins Kaminzimmer zum Beispiel, Robert muß den Kamin aus dem Jahre 1587 und dessen zeitgenössisches Zubehör immer wieder bewundern, er wird die Inschriften eine gute Weile im Gedächtnis behalten; wir sind in die Lichthof-Galerie eingetreten, die für Wechselausstellungen bestimmt ist, gewissenhaft hat sich Robert um die unverfänglichen Aquarelle eines einheimischen Künstlers gekümmert, ich habe mich mit Roberts Konzentration beschäftigt und das ist ein schöner Tag gedacht. Es wimmelt von schönen Tagen, sieh das ein. Meine Schwester -womöglich auf dem Weg zu uns. Meine Schwester geht den weiten Weg zurück. Hat sie sich angekündigt? Ja, ich glaube doch, aber schon zweifelt sie daran. Sie wird auf dem Rückweg ein wenig müde. So lange Pausen zwischen den Mahlzeiten verträgt sie nicht. An Sintrom hat sie gedacht. Ihr Blut kann jederzeit zur Gerinnung gebracht werden. Zu Haus wird sie Sergeant Peppers Lonely Hearts Club Band immer wieder hören. Jetzt am Abend dürfte sie genau wie ich feststellen: ein schöner Tag -obwohl sie noch an den Tod des Aurorafinken denken muß. Raum 16, Kirchengeschichte. Auch für meinen Vater und meine Tante, das ist doch anzunehmen, war es ein schöner Tag. Beachtliche Holzplastiken und Urkunden, wir beeilen uns dennoch, wir werden erst wieder im Biedermeierzimmer langsam, hier liebt Robert eine ganz bestimmte Kommode. Während uns der Aufseher begrüßte, so ungefähr um diese Zeit, mag meine Schwester an unserer Gartentür geschellt haben. Andere Besucher sind ebenfalls denkbar. Wer jetzt umkehren muß, weiß einen landschaftlich schönen Rückweg vor sich.

Feldmark I. Bäuerliches Kulturgut, eine Sammlung von Trachtenstücken. Ich habe Robert hingehalten. Noch nicht nach Haus, noch nicht. Raum 22, Kaufmannschaft und Handwerk. Machst du dir denn nichts mehr aus den Zunftgegenständen, Schriftstücken, den sehenswerten Schmiedearbeiten des 16. und 17. Jahrhunderts? Keine Aufregung, es ist gutgegangen. Wir sind bis zur Schließung geblieben. Robert hat eingewilligt und mich in die Eremitage gefahren. Nett von ihm, denn er zieht es vor, zu Haus zu essen.

Bei der Ankunft dort war ich ruhig. Der kleine Gruß von meiner Schwester -heut bleibt der Briefkasten verschlossen, ich werde ihn erst morgen entdecken. Die Arme, sie hat uns besuchen wollen, hörst du, Robert?

Wir haben diesen schönen Tag nun hinter uns. Die schönen Tage nehmen überhand.

(Aus: Deutsche Erzählungen aus drei Jahrzehnten. Deutschsprachige Prosa seit 1945, hg. v. Martin Gregor-Dellin, Tübingen u. Basel: Horst Erdmann Verl., 1975, S. 265-270.)Erstdruck wahrscheinlich 1968/ 69 in "Jahresringe" 1968/ 69.

Sujet: In Gabriele Wohmanns Kurzgeschichte schildert eine Frau, die Ich-Erzählerin, den Ablauf eines für sie schönen Tages, an dem sie erreicht hat, alles für sich auf Kosten anderer (ihres Ehemannes, Verwandter und Freunde) so bequem wie nur irgend möglich zu gestalten.

"Ein schöner Tag" ist als Typ einer handlungsreflektierenden Geschichte verhältnismäßig handlungsintensiv, da von der Erzählerin fast jedes einzelne Handlungselement in die Reflexion einbezogen wird. Trotzdem besteht das Sujet des Textes eigentlich in seiner Ereignislosigkeit. Die Grenze zwischen den beiden semantischen Teilfeldern -Frau und Ehemann Robert auf der einen Seite und Verwandte und Freunde auf der anderen- wird nicht überschritten, sondern die Heldin setzt eher alles daran, diese Grenze noch mehr auszubauen, indem sie ihre Mitmenschen mit freundlichen Worten täuscht und mit Notlügen von sich fernzuhalten versucht.

Der Grenzübertritt wurde vielmehr von der Erzählerin bereits vollzogen. Sie hat sich von ihren Verwandten und Freunden bis zur Beziehungslosigkeit entfernt. Diese Beziehungslosigkeit äußert sich in der Kontakt- und Kommunikationsangst der Hauptfigur, welche die motivische Grundstruktur des Textes bilden. Aus Egoismus und Eifersucht entstehen Abwehrhaltungen gegen Personen oder bestimmte Handlungsweisen. Um jedoch die Fassade zu wahren, bedient sich die Figur einer Kommunikationssprache, die ganz deutlich von ihrer Bewußtseinssprache differiert. Die typische Kommunikationssituation ist durch die Diskrepanz zwischen Gesagtem und Gedachten gekennzeichnet: "Der Lambert hat uns auch nicht weiter gestört." "Überrumpeln uns Besucher, so ermögliche ich es Robert, sich unter Vorwänden zurückzuziehen. Du, Robert, wolltest dich ja gerade über die Steuer hermachen, sage ich. Robert, sage ich, der Gute, schade, daß er nicht hier gemütlich mit uns zusammensitzen kann. Robert schindet sich ab mit den Korrekturen." Unangenehme Ereignisse werden in der Gedankensprache der Ich-Erzählerin bagatellisiert, um eventuellen Schuldgefühlen zuvorzukommen: "Kein gefestigter Mensch bezichtigt sich ihrer." Negatives Fehlverhalten wird in sein Gegenteil verkehrt und damit zugleich das Spießbürgertum der Hauptfigur demaskiert und ironisiert. Unterstützt wird diese Ironisierung und Demaskierung spießbürgerlichen Verhaltens durch die häufige Verwendung des Wortes "schön", das ohne Abstufung gebraucht, sinnentleert und zur bedeutungslosen Floskel wird: "schönes Haus", "schöner Wald", "schöne Fasane", "schöne Hasen", "schöne Zutraulichkeit", "schöne Sitzplätze".

Auch die Überschrift als Anfangselement des Rahmens wird wie zur Selbstbestätigung des Blickpunktes der Erzählerin ständig im Text wiederholt. Hier ist eine enge Korrelation zwischen Sujet, Rahmen und Blickpunkt gegeben. Die

Hauptfigur ist in ihrer spießbürgerlichen Lebensweise erstarrt und damit nur bedingt handlungsfähig. Sie erlaubt jedoch den Figuren des Gegenfeldes, die Grenze zu ihrem Bereich zu übertreten -bestimmt allerdings deren Häufigkeit, indem sie entscheidet, wann Besuch kommen darf.

Figuren: Die handlungstragenden Figuren sind mittelständische Durchschnittsbürger, deren Charakterisierung im Text sich auf die Angabe des Vor- bzw. Familiennamens oder des Verwandtschaftsgrades, in dem sie zur Hauptfigur stehen, beschränkt. Diese Profillosigkeit der Figuren verweist darauf, daß es in dem Text um eine Bestandsaufnahme typisch menschlicher Verhaltensweisen geht. Haupthandlungsträger ist die Ich-Erzählerin, deren Name offen bleibt. Die Frau und ihr Mann Robert sind ein kinderloses Ehepaar. Die zwischenmenschlichen Beziehungen der Figuren zueinander liefern den Stoff für diese Geschichte und damit die Sujetgrundlage. Geradezu typisch für die Charakterisierung der Frau bezüglich ihrer Haltung zu ihrer Umgebung ist die Erwähnung der "Ich habe genug- Arie", mit der sie sich von Schuldgefühlen freihält. Der Bereich des Privaten fungiert in dieser Geschichte als besonderes Spannungsfeld. Obwohl auch in der Beziehung der Frau zu Robert einige Gegensätzlichkeiten vorhanden sind, so liegt doch der Hauptkontrast zwischen dem Ehepaar und deren Verwandten bzw. Freunden. Diese Figurenkonstellation konstituiert dann auch das Sujet sowie den semantischen Raum. Den beiden Figurengruppen lassen sich die folgenden kontrastiven Attribute zuordnen:

Frau/ Mann	*Verwandte/ Freunde*
gefestigt	ratlos
rational	emotional
verschlossen	offen
unehrlich	ehrlich
eifersüchtig	liebenswürdig
berechnend/ vorausschauend	spontan
zufrieden	niedergeschlagen
Desinteresse	Neugier

Zur Beschreibung der Beziehung zwischen den Figuren finden sich im Text folgende lexikalische Belege:

Frau/ Mann	*Verwandte/ Freunde*
Zusammenleben	Störung
natürliche Vorsichtsmaßnahme/Eifersucht	Gefahren
Mitgefühl/ schöne Regung	peinliche Zwischenfälle

winken   ungebetener Gast
angenehmer Eindruck   unbefriedigt

Da alle Figuren nur in der Beschreibung der Ich-Erzählerin vorgeführt werden,
entsteht der Eindruck, als sei sie die einzige handlungsmäßig aktive Figur, indem
sie nämlich reflektierend auftritt.

Raum: Das System Raum basiert in dieser Erzählung auf der Grundopposition
"offen - geschlossen". Ihr sind weitere Oppositionspaare untergeordnet:

geschlossen   *offen*

Haus, Bett, Küche, Loggia   Wald, Freigelände
Robert, Frau   Beiers, Lambert, Vater, Schwester, Tante
ruhiges Zusammenleben   Geselligkeit
Ehe/ Zweisamkeit   ungebetener Besuch/ Störung
große Fenster/ schöne Sitzplätze   dunkles Zwangsquartier
schönes Haus   enge Wohnung
Museumsbesuch   Spaziergang
heimisch/ warm/ sicher   fremd/ kalt/ feindlich

Diesen beiden oppositionellen Teilfeldern sind die einzelnen Figuren zugeteilt. Die
Grenze verläuft hierbei zwischen der Abgeschiedenheit und Distanz des Ehepaares
und der Kontaktsuche und Geselligkeit der Verwandten und Freunde. Diese Grenze
wird nur von den Personen des "offenen" Teilbereiches überschritten. Die
eigentliche Haupthandlungsträgerin, die Ich-Erzählerin, ist selbst unbeweglich,
denn sie tritt nicht über die Grenze.

Rahmen: Nach Ablauf des "schönen Tages" läßt die Erzählerin diesen in Gedanken
noch einmal an sich vorüberziehen. Das Ende des Tages, der Abend, ist der
eigentliche Rahmen der Geschichte, d.h. der Blickpunkt der Erzählerin ist vom
Ende her auf die Handlung gerichtet. Durch Sujet und Figuren wird der Rahmen
spezifiziert. Im Laufe der Erzählung wird deutlich, was für die Hauptfigur "ein
schöner Tag" ist. Anfang und Ende liegen zeitlich auf einer Ebene: "Das war heute
zum Beispiel wieder ein schöner Tag." (Anfang) - Wir haben diesen schönen Tag
nun hinter uns." (Ende). Diese Verknüpfung von Rahmen und Sujet wird am Ende
noch weiter konkretisiert und zwar durch eine Wertung, die aus der Perspektive der
Erzählerin dem Ende hinzugefügt wird: "Die schönen Tage nehmen überhand."
Damit kommt eine weitere Korrelation mit dem Blickpunkt hinzu. Der Rahmen
macht kenntlich, daß vom Blickpunkt des Vergangenen auf das Geschehen gesehen
wird. Es wird nur noch berichtet, was bereits abgeschlossen ist.

Blickpunkt: Der Blickpunkt der Ich-Erzählerin dominiert den gesamten Text. Die Sichtweisen der anderen Figuren werden nur gebrochen durch die Worte der Hauptfigur wiedergegeben. Damit ist es möglich, den Charakter der Frau ganz auszuleuchten und ihr spießbürgerliches Fehlverhalten ironisierend offenzulegen. Das gelingt vor allem durch die Kontrastierung von Kommunikationssprache und Bewußtseinssprache.

Einstellung: Die Einstellung wechselt jeweils, wenn das Rahmenthema wiederaufgenommen wird. Insgesamt neunmal versichert sich die Ich-Erzählerin im Text, daß sie einen "schönen Tag" hinter sich hat. An diesen Textstellen blickt sie mit einer Totaleinstellung auf den gesamten Tag. In den Naheinstellungen wird dann dieses Urteil spezifiziert und Details des schönen Tages angeführt. (Vgl. Pollerberg 1984)

5.4.3   Vorstrukturierung und Fragebögen zum Text

5.4.3.1 Vorstrukturierung

Der Ablauf der Vorstrukturierung ist derselbe wie zum Grass-Text: Aufstellung von Hypothesen zum Textinhalt in der ersten Phase, dann Begriffsklärung zu einigen Schlüsselwörtern und in der dritten Phase die Diskussion zu einigen kulturbedingten Unterschieden. Die für die Begriffsklärung ausgewählten Schlüsselwörter des Wohmann-Textes lauten:

a) der Spießbürger - das spießbürgerliche Verhalten
b) die Entfremdung
c) die Kontaktangst - die Kommunikationsangst - kontaktarm.

Folgende Fragen wurden anschließend in der Diskussion zu a) Gruppenbildungen und Rollenverteilungen und zu b) Wertsystemen gestellt:

a) Gruppenbildungen und Rollenverteilungen
- Wann gehen die Kinder gewöhnlich aus dem Haus: mit Beginn der Ausbildung, nach der Heirat?
- Wie werden die Kontakte zu den Eltern gepflegt, nachdem die Kinder ausgezogen sind?
- Wieviel Generationen leben in einem Haushalt?
- Würden Sie Ihre Eltern oder eine alte Tante bei sich aufnehmen?
- Ist es selbstverständlich, daß sich später die Kinder um die Eltern kümmern?
- Wie eng sind die Beziehungen innerhalb der Verwandtschaft? Besucht man sich regelmäßig, selten oder gar nicht? Kann man jederzeit Hilfe erwarten?

- Was ist für Sie das Wichtigste in einer Partnerschaft oder Ehe?
- Was denken Sie über Notlügen?

b) Wertsysteme
- Wo trifft man sich mit Freunden: zu Hause oder in der Öffentlichkeit?
- Wie oft haben Sie Freunde zu Besuch?
- Wünschen Sie sich auch manchmal, in Ruhe gelassen zu werden? Wie reagieren Sie dann auf Besuch?
- Wie verhalten Sie sich, wenn mal ein unangemeldeter oder ein ungebetener Gast kommt?
- Gibt es Normen der Gastfreundschaft?

Es ging in dieser Vorstrukturierung also um kulturelle Unterschiede bezüglich Familien- und Verwandtschaftsbeziehungen, Partnerschaft und Ehe, Kontakten zu Freunden und Bekannten.

5.4.3.2 Lesertest-Fragebogen

Alter:	...Jahre	
Geschlecht:	...männlich / ... weiblich	
Nationalität:	...	Muttersprache:...
Studienrichtung:	...	
Semester:	...	

Was bedeuten die folgenden Wörter für Sie?
Woran denken Sie, wenn Sie diese Wörter lesen?
Notieren Sie Ihre Gedanken in Stichpunkten hinter dem betreffenden Wort!
Schreiben Sie alles auf, was Ihnen dazu einfällt!

1. SCHÖNER TAG
2. UNGEBETENER BESUCH
3. VERWANDTE
4. KONTAKTE ZU FREUNDEN
5. NOTLÜGE
6. INDIVIDUALISMUS

5.4.3.3 Rezeptionstest-Fragebogen

1) Wie gefällt Ihnen der Text? (Zutreffendes ankreuzen!)
- sehr gut
- gut
- mittelmäßig
- wenig

- überhaupt nicht

Begründen Sie bitte Ihre Antwort!

2) Regt Sie der Text zum Nachdenken an?
- sehr stark
- stark
- mittelmäßig
- wenig
- überhaupt nicht

Erklären Sie kurz!

3) Wie verständlich ist der Text für Sie?
- sehr leicht
- leicht
- teilweise
- schwer
- sehr schwer

Woran liegt das?

4) Können Sie sich mit der Frau identifizieren? Begründen Sie bitte Ihre Antwort; auch wenn Sie mit "nein" geantwortet haben!

5) Wie verstehen Sie die folgende Äußerung: "Beim Aufwachen waren wir freundlich zueinander, Robert und ich, ohne große Anstrengung. Wie jeden Sonntag ist er zu mir ins Bett gekrochen. Das ist also jeden Sonntag schön und dauert maxi mal zwanzig Minuten "? Beschreiben Sie das Verhältnis der Erzählerin zu Robert!

6) Wie verhält sich die Frau zu ihrer Familie (Vater, Schwester und Tante) und zu ihren Freunden bzw. Bekannten (Beier, Lambert)? Bitte beschreiben Sie ihr Verhalten und ihre Beziehung zu diesen Personen!

7) Was fällt Ihnen auf, wenn Sie Gesagtes und Gedachtes bei der Erzählerin miteinander vergleichen?

8) Was ist für die Frau "ein schöner Tag"?

9) Mit welchen Mitteln erreicht die Frau, daß es für sie ein schöner Tag wird?

10) Der Titel wird im Text mehrfach wiederholt. Welche Gründe sehen Sie dafür? Erläutern Sie bitte!

11) Von den Figuren erfährt der Leser nur die Namen oder den Verwandtschaftsgrad zur Frau. Welchen Grund könnte es haben, daß sie nicht näher bezeichnet werden? Bitte erklären Sie!

12) Was halten Sie für das zentrale Thema der Erzählung?

13) Im Text wird sehr oft das Wort "schön" verwendet. Sehen Sie sich diese Verwendungsweisen noch einmal genau an! Wozu dient das Wort Ihrer Meinung nach?

14) Warum ist der Text in der Ich-Form geschrieben?

15) Welche Einstellung hat die Autorin zu ihrer Hauptfigur?

Auch bei diesem Rezeptionsfragebogen sollen wieder die ersten vier Fragen die emotionale Rezeption und die Fragen 5-15 die kognitive Textrezeption erfassen. Inhaltlich lassen sich bei der Erhebung der kognitiven Rezeption Fragen nach dem einfachen Sinnverständnis (6,8,9) und Fragen nach Schlußfolgerungen (5,7,10,11,12,13,14,15) unterscheiden.

Hinsichtlich der Textdimensionen, auf die sich die einzelnen Fragen konzentrieren, kann folgende Zuordnung vorgenommen werden:

a) Fragen nach dem Sujet und den Figuren: 5,7,9,11,12

Frage 5 verlangt ausgehend von einer konkreten Textstelle die Darstellung eines Aspektes der Figurenkonstellation, die für das Sujet konstituierend ist. Der Leser soll hier erkennen, daß die Erzählerin mit diesen Worten sachlich und kühl einen gewohnheitsmäßigen Geschlechtsakt beschreibt. Zugleich muß er wissen, daß Wiederholung im Alltag zu Gewohnheit und Gleichgültigkeit führen kann.

Frage 7 zielt auf eine Seite im Charakter der Hauptfigur: die Diskrepanz zwischen Gesagtem und Gedachtem, wodurch eine typische Kommunikationssituation zwischen der erzählenden Hauptfigur und den anderen Figuren gekennzeichnet ist. Der Leser muß hierbei sehen, daß diese Diskrepanz ein Zeichen von Unehrlichkeit im Verhalten der Erzählerin ihren Mitmenschen gegenüber darstellt.

Frage 9 richtet sich auf die Zusammenfassung der Sujetbewegung, d.h. aller Ereignisse, die aus dem Tag einen "schönen Tag" für die Erzählerin werden lassen. Es wird deutlich, daß es seitens der Hauptfigur zu keiner Grenzüberschreitung kommt; vielmehr hat sie diese Grenze bereits überschritten, die sie jetzt in Form einer Kommunikationslosigkeit von den anderen Figuren trennt. Die Versuche der anderen Figuren (z.B. Schwester) die Grenze in die Gegenrichtung hin zu überschreiten, werden von der Hauptfigur limitiert, die diese Grenze immer wieder neu errichtet. Die Frage beabsichtigt zugleich, den Leser zu einer Wertung der Figurenhandlung zu bewegen.

Frage 11 konzentriert den Blick des Lesers auf die durch sparsame Individualisierung erzeugte Typisierung der Figuren und fragt nach deren Funktion für das Sujet. Um diese Frage zu beantworten, muß der Leser wissen, daß die Profillosigkeit der Figuren über den Text hinaus auf die Aussageabsicht des Autors verweist und daß es hier eben nicht nur um diese einzelne Frau geht, sondern allgemeine Verhaltensweisen kritisch beleuchtet werden.

Frage 12 erfordert vom Leser, daß er vom konkreten Text abstrahiert und verallgemeinernde Aussagen zur Sujetbewegung trifft. Hier werden die Erfahrungen des Lesers im Umgang mit literarischen Texten angesprochen, die es ihm ermöglichen, zusammenfassende Schlüsse über die Aussage des Textes zu ziehen, in dem es um Beziehungslosigkeit, Kontakt- und Kommunikationsangst in der Gesellschaft geht.

b) Fragen zum Raum: 6

Frage 6 richtet sich eigentlich wie Frage 5 auch auf die Figurenopposition, wodurch jedoch zugleich die Aufteilung des Raumes deutlich wird, da die Figuren den semantischen Teilfeldern zugeordnet werden können. Der Leser muß die Notlügen und die freundliche Distanz der Erzählerin erkennen und als Mittel deuten können, um nach außen den Schein normaler sozialer Beziehungen zu wahren.

c) Fragen zum Rahmen: 8

Frage 8 zielt auf eine Semantisierung der Rahmenelemente Anfang und Ende, die in diesem Text identisch sind: An beiden Stellen des Textes steht jeweils die Feststellung der Erzählerin, daß es sich um einen schönen Tag für sie handelt. Durch mehrere Einstellungswechsel werden die Details beleuchtet, die den Tag für die Hauptfigur schön werden lassen. Diese Details sollen den Leser zusammengefaßt zu der Erkenntnis führen, daß es der Erzählerin um ihre auf Kosten anderer erreichte Ruhe und Bequemlichkeit geht.

d) Fragen zur Einstellung: 10

Frage 10 spricht die Beziehung zwischen Rahmen und Binnentext -realisiert durch mehrere Einstellungswechsel- an, in dem der Textanfang mehrfach wiederholt wird. Durch die ständige Bestätigung der Erzählerin, daß es für sie ein schöner Tag war, wird die dominante Rolle ihrer Perspektive unterstrichen. Diese Funktion des Einstellungswechsels soll erkannt werden. Zugleich muß der Leser wissen, daß die ständige Wiederholung eine Art Selbstbestätigung darstellt, die aber auch hinterfragt werden kann.

e) Fragen nach dem Blickpunkt: 13,14,15

Frage 13 richtet sich auf ein formales Merkmal des Textes: die auffällig häufige Verwendung des Wortes "schön". Vom Leser verlangt diese Frage, aus einem formalen Charakteristikum Rückschlüsse über die inhaltliche Ebene zu ziehen: In diesem Fall führt die Wiederholung des Wortes zu dessen Sinnentleerung und verweist auf den Autorenblickpunkt, der damit das spießbürgerliche Verhalten seiner Hauptfigur ironisiert und demaskiert.

Frage 14 beschäftigt sich mit der den Text dominierenden Erzählerperspektive, die eine sujetunterstützende Funktion erfüllt, weil dadurch bereits die Figurenopposition vorweggenommen wird. Der Leser muß sein Wissen über die Funktion der Ich-Darstellung in literarischen Texten einbringen können, mit deren Hilfe der Charakter der Erzählerin ausgeleuchtet werden kann; in diesem Text vor allem durch die Kontrastierung von Kommunikationssprache und Bewußtseinssprache.

Frage 15 zielt in allgemeiner Weise auf die Feststellung des Autorenstandpunktes. Der Leser muß hierbei wissen, daß die Erzählerin nicht mit der Autorin identisch ist. Er muß auch in der Lage sein, die kritische Distanz und Ironie im Autorenblickpunkt wahrzunehmen.

6 Auswertung der Tests

6.1 Testorganisation und Kritik

Die Tests wurden im Zeitraum Oktober 1992 bis Februar 1993 an den Universitäten Leipzig, Stuttgart und Heidelberg durchgeführt. Jedoch standen nicht in jedem Fall Germanistikstudenten als Testpersonen zur Verfügung, so daß sich letztendlich folgende Zusammensetzung der Testgruppen ergab:

Universität	Test	Vpn	Semester	Studienrichtung	Muttersprache
Leipzig	L2-G0	6	7.	Germanistik	Laotisch
	L2-G1	3	7.	Germanistik	Mongolisch, Polnisch
	L1-G	7		Nebenfach DaF Zertifikat DaF	Deutsch
	L2-W0	3	7.	Germanistik	Mongolisch, Polnisch
	L2-W1	4	7.	Germanistik	Laotisch
	L1-W	10		Nebenfach DaF Zertifikat DaF	Deutsch
Stuttgart (Teilnehmer am Seminar Literatur und Grammatik)	L2-G0	10	1./2., 7.-10., Austausch	Anglistik, Literatur, Musik, Germanistik, BWL, Raum- fahrttechnik	Französisch, Englisch, Türkisch, Ungarisch, Spanisch, Italienisch, Griechisch
	L2-W1	6	1., 3., 8.,11.	BWL, Literatur, Germanistik, Pädagogik	Ungarisch, Italienisch, Türkisch, Koreanisch

Universität	Test	Vpn	Semester	Studienrichtung	Muttersprache
Heidelberg (Teilnehmer am Lektürekurs Goethezeit: Goethe/ Plenzdorf: „Werther")	L2-G1	10	1.- 4.	Deutsch als Fremdspra-chenphilologie, Jura, Literatur	Englisch, Chinesisch, Griechisch, Portugiesisch, Spanisch
	L2-W0	18	1.- 6.	Deutsch als Fremdsprachen-philologie, Anglistik, Literatur	Spanisch, Englisch, Katalanisch, Französisch, Beti, Griechisch, Schwedisch, Chinesisch, Koreanisch, Persisch

Da die Versuchsgruppen aus Leipzig zu klein sind, um eigenständige Gruppen zu bilden, werden sie für die Auswertung mit den entsprechenden Versuchsgruppen aus Stuttgart bzw. Heidelberg zusammengelegt.

Daß zum Teil relativ wenige Versuchspersonen (Vpn) zur Verfügung standen und die Tests demzufolge an anderen Universitäten wiederholt werden mußten, lag unter anderem in einer Schwäche der Tests begründet, die erst in der Organisationsphase der Untersuchungen deutlich zutage trat. Es zeigte sich, daß die Tests insgesamt zu umfangreich sind, als daß sie im Rahmen eines anderthalbstündigen Seminars durchgeführt werden konnten. So wurden für einen Test mit kultureller Orientierung ca. 150 Minuten und für einen Test ohne kulturelle Orientierung ca. 120 Minuten benötigt. Die erfolgreiche Durchführung der Versuche hing somit einerseits erheblich vom Wohlwollen der Testpersonen ab, die sich bereit erklärten, über die Seminarzeit hinaus am Test mitzuarbeiten, bzw. andererseits auch von der Unterstützung durch die jeweiligen Lehrer, die mir ihre Seminare überließen. Aufgrund des geringen Stichprobenumfangs können die gewonnenen Ergebnisse nur bedingt verallgemeinert werden, da sie statistisch nicht gesichert werden können. In der Statistik gilt eine Stichprobe als "klein", wenn sie weniger als 30 Elemente umfaßt (Clauß/ Ebner 1992, 176). Es sei daher an dieser Stelle nochmals betont, daß es sich bei der vorliegenden Untersuchung um eine Fallstudie handelt, d.h. die aufgestellten Hypothesen werden nur an einigen Fällen überprüft. Für die Verallgemeinerung der Befunde bedarf es weiterer Untersuchungen..

In der Auswertung wurde auch deutlich, daß die Testaufgaben mitunter mißverstanden wurden. So wurden im Lesertest häufig Wortbedeutungen anstelle von Assoziationen genannt, obwohl den Versuchspersonen die Aufgabenstellung vorher an einem Beispiel erläutert wurde. Auch die Formulierung der Fragen im Rezeptionstest zeigt einige schwache Stellen. Zweigeteilte Fragen (z.B. Frage 9, 10, 12 im Grass-Test und Frage 5 im Wohmann-Test) erwiesen sich als ungünstig, da diese sehr oft nur unvollständig von den Versuchspersonen beantwortet wurden. Einige Fragen hätten noch eindeutiger formuliert werden können, um Mißverständnisse beim Lesen der Fragen zu vermeiden. Um die Eindeutigkeit der Fragen zu erhöhen und damit ihr Verständnis zu erleichtern, könnte man beispielsweise die Fragen in einem Vortest von deutschen Beurteilerpersonen bezüglich ihrer Eindeutigkeit beurteilen lassen..

Trotz dieser kritischen Punkte lieferten die Tests eine Fülle von Daten, deren Auswertung ich im folgenden Abschnitt 6.2. erläutern werde, bevor die Einzelergebnisse aus den Tests mit den beiden Erzähltexten von Grass und Wohmann im Detail beschrieben werden..

6.2 Erläuterungen zur Auswertung der Daten

6.2.1 Einleitung

Wie bereits im Abschnitt 4.1 dargelegt wurde, liegen den Untersuchungen zwei Erzähltexte zugrunde, so daß sich die Tests grob in zwei große Gruppen gliedern lassen:

- Tests zum Grass-Text (G),
- Tests zum Wohmann-Text (W).

Zu jedem Text wurden drei Testreihen durchgeführt, die sich jeweils hinsichtlich einer Variable (ohne/ mit Vorstrukturierung; Deutsch als Fremdsprache/ Deutsch als Muttersprache) voneinander unterscheiden:

a) Test mit ausländischen Versuchspersonen ohne Vorstrukturierung (L2-G0; L2-W0),

b) Test mit ausländischen Versuchspersonen mit Vorstrukturierung (L2-W1; L2-W1),

c) Test mit deutschen Versuchspersonen (L1-G; L1-W).

Die Daten der einzelnen Testreihen wurden miteinander verglichen, um die im Abschnitt 3.3.2. angesprochenen Fragen zu beantworten. Für die Bearbeitung der fünf Fragen wurden die Daten folgendermaßen ausgewertet:

Frage 1: Wo zeigt sich der Einfluß des kulturellen Vorwissens konkret? Bei welchen Textkompositionselementen kommt es zu den größten Differenzen in der Rezeption zwischen L1- und L2-Lesern sowie zu den meisten nicht adäquaten Schlußfolgerungen in den L2-Gruppen?

Zur Beantwortung dieser Frage wurden die Antworten der Versuchspersonen zunächst danach klassifiziert, inwieweit der Textsinn inhaltlich angemessen konstituiert wurde. Hierbei wurden vier Antwortkategorien unterschieden: "Antwort adäquat", "Antwort teilweise adäquat", "Antwort nicht adäquat" und "keine Antwort". Die einzelnen Kategorien werden im Abschnitt 6.2.2. erläutert. Dann wurden für jede Testreihe die Quantitäten der einzelnen Kategorien in bezug zu den einzelnen Fragenkomplexen (Textkompositionselementen) ermittelt. Es ging hierbei vor allem um die Zahl der nicht adäquaten Antworten und der nicht beantworteten Fragen, d.h. um die Quantität der Fehler bezüglich der einzelnen Fragenkomplexe. Die unterschiedlichen Fehlerquoten wurden anschließend miteinander verglichen.

Frage 2: Hat eine der Lektüre unmittelbar vorausgehende kulturelle Orientierung (Vorstrukturierung) einen positiven Einfluß auf die Rezeption? Um diese Frage zu beantworten, wurden die für Frage 1 aufbereiteten Daten unter einem anderen Gesichtspunkt betrachtet. Während es in der ersten Frage um Unterschiede in der Fehleranzahl bezüglich der einzelnen Fragenkomplexe zwischen L1-Gruppe und L2-Gruppen ging, interessieren für die Beantwortung der zweiten Frage vor allem die Unterschiede in der Fehlerzahl zwischen der L2-G0-/ L2-W0-Gruppe und der L2-G1-/ L2-W1-Gruppe.

Frage 3: Wie äußert sich der Einfluß des Vorwissens? Wie verhält sich der Leser, wenn er offenbar nicht über das notwendige Vorwissen verfügt? Für die dritte Frage wurden die Fehler inhaltsanalytisch kategorisiert und dann für jede Testreihe die Rangfolgen der einzelnen Kategorien je nach Häufigkeit der Fehler festgelegt. Hier sollte also bestimmt werden, welche Fehlergruppe am häufigsten auftritt.

Frage 4: Sind freie Assoziationen zu Schlüsselwörtern des Textes geeignet zur Bestimmung des Vorwissens? Es ging hierbei um die Prüfung einer Methode zur Messung des Vorwissens. Die einzelnen Assoziationen wurden zu diesem Zweck quantitativ und qualitativ ausgewertet.

Frage 5: Gibt es einen Zusammenhang zwischen kultureller Orientierung und Texteindruck?

Diese Zusatzfrage war sozusagen ein Nebenprodukt der Untersuchungen. Es wurden die Häufigkeiten positiver, gleichgültiger und negativer Reaktionen auf die Texte in den L2-Versuchsreihen ermittelt und dann nach möglichen Unterschieden in den Häufigkeiten bzw. ihren Verteilungen zwischen den L2-0-Gruppen und den L2-1-Gruppen gesucht.

In den nächsten Abschnitten werden die einzelnen Schritte der Datenauswertung im Detail erörtert.

6.2.2   Datenauswertung zur Beantwortung der Frage 1

Die Antworten der Versuchspersonen wurden zunächst hinsichtlich ihrer Angemessenheit eingestuft. Dabei wurde gemessen, ob der Textsinn inhaltlich adäquat erfaßt wurde oder nicht. Als Maßstab für die Beurteilung der Antworten bezüglich der Sinnerfassung diente die Textbeschreibung. Sie legte die Grenze fest, bis zu der die rezipierten Textbedeutungen akzeptabel waren (Vgl. Groeben 1982,85). Der Text und die Textanalyse waren demnach kein Maßstab für "richtiges" Textverständnis, sondern lediglich ein Maßstab für die Ermittlung von Unterschieden zwischen den einzelnen Antworten - zumal die adäquaten Antworten nur bedingt von Interesse waren: Anhand der teilweise adäquaten und der nichtadäquaten Antworten sollte der "negative" Einfluß des Vorwissens abgelesen werden. In diesen Antworten sind die Entfernung des Lesers vom Text und die von ihm eingebrachte Vorwissensmenge am größten. Die meisten Fragen zielten auf schlußfolgerndes Lesen, d.h. für ihre Beantwortung muß der Leser mit Hilfe seines Vorwissens Inferenzen bilden. "Falsche" Inferenzen können also auf fehlendes, nicht eingesetztes oder ganz einfach auf anderes Vorwissen zurückgeführt werden.

Die Antworten wurden nur in drei bzw. vier Kategorien eingeteilt, wenn man die nicht beantworteten Fragen ebenfalls berücksichtigt. Dies hat zum einen seinen Grund in dem geringen Stichprobenumfang. Die Häufigkeiten der einzelnen Kategorien wären bei einer größeren Differenzierung zu gering, so daß man in jedem Fall versuchen müßte, Klassen oder Kategorien zusammenzufassen. Außerdem bringen weniger Kategorien größere Klarheit und Einfachheit mit sich; zumal nur die Unterschiede in den extremen Ausprägungsgraden zwischen den Fragenkomplexen zu den einzelnen Kompositionselementen und zwischen den Gruppen (Testreihen) interessieren. Andererseits habe ich mich bei der Definition der Kategorien der Angemessenheitsdimension von Lotmans Textbeschreibungsmodell leiten lassen und Elemente aus diesem Modell berücksichtigt. Nach Lotman (1989, 45) können zwei Arten der Diskrepanz zwische Autorkode und Leserkode unterschieden werden:

1) "Der Empfänger zwingt dem Text seine eigene künstlerische Sprache auf." (ibid.) Der Text wird umkodiert und zum Teil werden dabei die vom Sender gewollten Strukturen zerstört.

2) Der Empfänger versucht, den Text mit seinem Kode zu entschlüsseln und erkennt, daß er einen neuen Kode entwickeln muß. Dabei gibt es dann zwei Möglichkeiten:

a) Der Leser unterliegt und "dann zwingt der Schriftsteller dem Leser seine Sprache auf, dieser eignet sie sich an und macht sie zu seinem Mittel für die Modellierung der Welt" (ibid.).

b) Häufiger ist es jedoch der Fall, "daß die Sprache des Schriftstellers deformiert wird und einer Art Kreolisierung mit schon im Bewußtsein des Lesers vorhandenen Sprachen unterworfen wird" (ibid.). Hierbei kommt es dann zu einer Vermischung von Autorkode und Leserkode.

Dem ersten Typ bei Lotman entsprechen zum größten Teil die nicht adäquaten Antworten. Typ 2a und 2b finden sich in den teilweise adäquaten Antworten wieder. Als dritte Möglichkeit muß man dann noch den Fall der Übereinstimmung zwischen Autor- und Leserkode erwähnen, dem die adäquaten Antworten zugeordnet werden können. Die drei Kategorien sollen im folgenden definiert werden.

"Adäquat": Eine Antwort wird als adäquat eingestuft, wenn die wesentlichsten Aspekte der von der jeweiligen Frage angesprochenen Bedeutung genannt wurden und wenn die Antwort in jedem Fall mit der Textstruktur vereinbar ist. Diese Antworten wurden in den Tabellen mit "+1" kodiert.

"Teilweise adäquat": Hierzu gehören Antworten, die nur einige Aspekte in bezug auf die Fragestellung nennen, die aber nicht hinreichend für die Beantwortung der Frage oder die nebensächlich sind; Antworten, in denen nur Teile des Textes reproduziert werden, ohne daß Bedeutung formuliert wird (z.B. Zitate, Paraphrasen, pauschale Antworten); Antworten, die Elemente enthalten, die nur teilweise mit dem Textsinn vereinbar sind bzw. die die Textbedeutung ungenau angeben und die größtenteils Umdeutungen aus dem Leserwissen darstellen (z.B. Wertungen, Kommentare), d.h. Ergänzungen aus dem eigenen Wissen des Lesers. Diese Antworten wurden mit "0" kodiert.

"Nicht adäquat": Wenn in der Antwort die Fragestellung nicht berücksichtigt wurde oder wenn die Antwort nicht mit dem Textsinn bzw. der Textbeschreibung vereinbar ist und offenbar ein Mißverständnis vorliegt, dann wird diese Antwort als nicht adäquat bewertet. Die Kodierung für diese Antworten ist "-1".

"Keine Antwort": Für das Fehlen der Antwort auf eine Frage kann es verschiedene Ursachen geben: die Frage wurde nicht verstanden, die Frage konnte nicht beantwortet werden aufgrund fehlenden Wissens bzw. mangelnden

Textverständnisses, oder die Zeit reichte nicht für die Beantwortung der Fragen. Eine fehlende Antwort wurde mit "/" kodiert.

Für jede Testreihe wurde zu jedem Fragenkomplex (Die Fragenkomplexe entsprechen den Textdimensionen.) die Anzahl der adäquaten, teilweise adäquaten, nicht adäquaten und nicht gegebenen Antworten ermittelt und tabellarisch dargestellt (Tabelle 1). Anschließend wurden die Textdimensionen entsprechend der Häufigkeit der adäquaten und nicht adäquaten Antworten in eine Rangfolge gebracht (Tabelle 2). Um zu klareren und übersichtlicheren Ergebnissen zu kommen, wurden jeweils die Häufigkeiten der adäquaten mit denen der teilweise adäquaten Antworten und die Häufigkeiten der nicht adäquaten mit denen der fehlenden Antworten zusammengefaßt (Tabelle 2). Diese Rangfolgen werden miteinander verglichen und der Grad ihrer Übereinstimmung berechnet (Tabelle 3). Der dafür gewählte Lösungsweg wird in 6.2.4. ausführlich beschrieben.

6.2.3 Datenauswertung zur Beantwortung der Frage 2

Für die Beantwortung der zweiten Frage konnten die in der Tabelle 1 erfaßten Daten verwendet werden, um zu ermitteln, ob es Differenzen zwischen der L2-G0-/ L2-W0-Gruppe und der L2-G1-/ L2-W1-Gruppe gab.

Um festzustellen, ob es in der Adäquatheitsdimension statistisch signifikante Unterschiede zwischen den beiden Gruppen gibt, wurden Prüfverfahren für nominalskalierte Variablen eingesetzt. Nominalskalierte Variablen bezeichnen "qualitativ verschiedene Objektklassen, über deren quantitatives Verhältnis nichts bekannt ist" (Clauß/ Ebner 1992, 100. Alle folgenden Literaturangaben beziehen sich auf diese Ausgabe.). In unserem Fall sei Variable X die Vorstrukturierung mit den Polen "vorhanden" und "nicht vorhanden" und Variable Y die jeweilige Antwortkategorie ("+1", "0", "-1", "/") mit den Polen "zutreffend" und "nicht zutreffend". Damit handelt es sich hier um nominalskalierte Variablen. Auf der Grundlage der Tabelle 1 wurden für beide Gruppen die Häufigkeiten der einzelnen Antwortkategorien geordnet nach Fragenkomplexen in den Tabellen 4/1 bis 4/5 zusammengestellt.

Es sollte geprüft werden, ob die Antwortkategorie bei der Gruppe mit Vorstrukturierung und ohne Vorstrukturierung die gleiche Verteilung hat, d.h. ob es einen Zusammenhang gibt zwischen kultureller Orientierung und der Anzahl adäqater, teilweise adäquater, nicht adäquater und fehlender Antworten. Die Nullhypothese (H_0) lautet in jedem Fall: Die Verteilungen für die Gruppe L2-G0/ L2-W0 und L2-G1/ L2-W1 stimmen überein, d.h. die einzelnen Antwortkategorien haben für beide Gruppen die gleiche Wahrscheinlichkeit ($\Pi = \Pi_1 = \Pi_2$). Die Alternativhypothese (H_1) lautet: Die Verteilungen sind in beiden Gruppen unterschiedlich ($\Pi_1 \neq \Pi_2$). Es geht also darum zu prüfen, ob unterschiedliche Häufigke iten der Antwortkategorien zufällig entstanden sind oder ob der Unterschied signifikant ist, d.h. auf unterschiedlichen Wahrscheinlichkeiten beruht (Vgl. 249f.). Als Prüfverfahren für die aufgestellten Hypothesen wird die X^2-Methode eingesetzt, die für den Fall empfohlen wird, wenn es -wie hier- mehr als zwei Kategorien gibt (253). Die Berechnung des X^2-Wertes (beobachtete Verteilung) erfolgt dabei nach der Formel von BRANDT-SNEDECOR (255). Zum besseren Verständnis der Tabellen sowie der einzelnen Rechenwege mögen die folgende Tabelle und die Erörterungen dienen:

Nr. der Kategorie (Klasse)	Beobachtete Häufigkeit in		Summe
i	Stichprobe 1	Stichprobe 2	
1	f_{11}	f_2	$z1$
2	f_{12}	f_{22}	$z2$
k	f_{1k}	f_{2k}	zk
Summe	$n1$	$n2$	N

(Clauß/ Ebner 1992, 255)

Dabei sind f_{1i} (i=1,2,...k) und f_{2i} die Werte der beobachteten Häufigkeiten aus den beiden Stichproben, z_i die Zeilensummen, n_1 und n_2 die Spaltensummen (Stichprobenumfänge), N die Gesamtsumme der Häufigkeiten und k die Anzahl der Kategorien. Mit diesen Zahlen werden dann die X^2-Werte nach folgender Formel berechnet:

$$X^2 = \frac{N^2}{n_1 \cdot n_2} \left(\sum_{i=1}^{k} \frac{f_{1i}^2}{z_i} - \frac{n_1^2}{N} \right) \qquad (1)$$

(ibid.)

Den kritischen Wert für die theoretisch erwartete Verteilung mit k-1 Freiheitsgraden (f) kann man der Tafel 5 (484f.) entnehmen. Die Nullhypothese wird geprüft, indem man den errechneten X^2-Wert mit dem kritischen Wert $X^2_{\alpha;f=k-1}$ vergleicht (α=Irrtumswahrscheinlichkeit). Dabei gilt:

Wenn $X^2 < X^2_{\alpha;f}$, dann Annahme von H_0.
wenn $X^2 \geq X^2_{\alpha;f}$, dann Zurückweisung von H_0.

(a.a.O., 217)

Die in Klammern gesetzten Werte in den Tabellen 4/1 bis 4/5 sind die erwarteten Häufigkeiten. Sie werden nach der Rechenvorschrift: Zeilensumme mal Spaltensumme, dividiert durch die Gesamtsumme (252) ermittelt. Als

Voraussetzung für die X²-Methode darf höchstens ein Fünftel der erwarteten Häufigkeiten kleiner als 5 sein (256). Ist diese Voraussetzung nicht erfüllt, so wurde für die entsprechenden Tabellen eine sogenannte Kontinuitätskorrektur durchgeführt. Dazu werden die beobachteten Häufigkeiten, die größer sind als ihr Erwartungswert, um 0,5 verringert und diejenigen, die kleiner sind als ihr Erwartungswert, um 0,5 vergrößert (260). Die abgeänderten Häufigkeiten stehen jeweils neben der Ausgangstabelle. Für diese Werte wurde dann auch X² berechnet.

Da in den meisten Tabellen (Grass-Test: Tabelle 4/2 bis 4/5; Wohmann-Test: Tabelle 4/2, 4/3, 4/4) mehr als ein Fünftel der erwarteten Häufigkeiten kleiner als 5 sind, wurden jeweils die zwei oberen und die zwei unteren Kategorien zusammengefaßt. Das Ergebnis sind Vierfeldertafeln (Tabelle 5/1 bis 5/5), die die Häufigkeiten der positiven (d.h. der adäquaten und der teilweise adäquaten Antworten) und der negativen (d.h. der nicht adäquaten und der fehlenden Antworten) enthalten. Diese Werte dienten zur Prüfung der Frage, ob es allgemein einen Zusammenhang zwischen der Anzahl positiver/ negativer Antworten und der Vorstrukturierung gibt. Für diese Fragestellung wurde der G-Test von WOOLFE (261ff.) angewendet, da er "mathematisch besser begründet und ökonomischer ist" (261) als die Formeln zur Berechnung des X²-Wertes. Die Prüfgröße wird dabei nach folgender Formel errechnet:

$$G = 2\sum f_b \left(\ln f_b - \ln f_e \right) \qquad (2)$$

Die Werte 2n ln n (g-Werte) können der Tafel 14 (502ff.) entnommen werden. Die Summe der g-Werte der vier Feldhäufigkeiten (a,b,c,d) sei S_1. Der g-Wert für den Stichprobenumfang n wird als S_2 bezeichnet. Aus der Tafel werden ebenfalls die g-Werte für die Randsummen notiert. Ihre Summe sei S_3. Nun kann G nach der vereinfachten Formel:

$$G = S_1 + S_2 - S_3 \qquad (3)$$

berechnet werden. Die Bestimmung des kritischen Wertes der theoretisch erwarteten Verteilung erfolgt wieder mit Hilfe der Tafel 5 (Siehe oben). Für die Annahme oder Zurückweisung der Nullhypothese gelten die gleichen Bedingungen wie für die X²-Methode. Da es sich hier um Vierfeldertafeln handelt, darf die erwartete Häufigkeit in keinem der Felder kleiner als 5 sein, und der Stichprobenumfang soll mindestens 40 betragen (260). Auch bei diesem Test wird die oben beschriebene Kontinuitätskorrektur durchgeführt, wenn die erwartete Häufigkeit in einem der Felder kleiner als fünf ist (260).

Ziel dieses Auswertungsteils ist die semantische Analyse der Antworten, so daß Vergleich und Klassifizierung der verschiedenen Äußerungen und ihrer Inhalte möglich sind. Zu diesem Zweck habe ich in Anlehnung an die Inhaltsanalyse (Vgl. Merten 1983) ein Klassifizierungsschema erarbeitet, das es erlaubt, die Vielzahl heterogener Antworten nach vorab festgelegten Kriterien untereinander zu vergleichen und die Inhalte statistisch zu beschreiben. Die Inhaltsanalyse stellt ein geeignetes Verfahren "zur intersubjektiven Feststellung der Semantik der Paraphrasen" (Groeben 1980, 90) von Lesern zu den von ihnen konkretisierten Textbedeutungen dar. Sie wurde von der Massenkommunikationsforschung entwickelt, um mündliche und schriftliche Äußerungen nach vorher definierten Kategorien hinsichtlich der angesprochenen Themen semantisch zu analysieren (Merten 1983, 20).

Für diese Auswertung wurden nur die teilweise adäquaten und die nicht adäquaten Antworten berücksichtigt, da die adäquaten Antworten im wesentlichen homogen sind, d.h. kaum Unterschiede aufweisen, die eventuell auf verschiedene kulturelle Voraussetzungen zurückgeführt werden könnten. Unterschiede zeigen sich hingegen am deutlichsten in den Antworten der Kategorie "0" und "-1". In der Analyse sollte bestimmt werden, wie sich der Leser verhält, wenn es offenbar eine Diskrepanz zwischen Autorkode und Leserkode gibt. Theoretisch lassen sich drei Möglichkeiten unterscheiden, wo der Leser nach einer Antwort suchen kann:

1) im eigenen Wissen = leserbezogene Antworten,
2) im Text = textbezogene Antworten und
3) in einer Synthese aus Wissen und Text = synthetische Antworten.

Diese drei Hauptkategorien habe ich in folgende Untergruppen gegliedert:

1) Leserbezogene Antworten:

a) *Hypothesen:* Der Leser versucht, die Antwort auf der Basis seines Wissens zu erraten (z.B. Äußerungen wie "vielleicht", "ich glaube", "ich bin nicht sicher"). Der Textbezug ist gering oder gar nicht vorhanden.

b) *Metastatements:* Hier drückt der Leser Wertungen, vom Text unabhängige Meinungen, Erwartungen u.ä. aus. Das können z.B. Äußerungen zum Inhalt oder zur Form des Textes sowie Verstehensäußerungen sein.(z.B. "Ob man Links- oder Rechtshänder ist, spielt das keine Rolle. Hauptsache versteht man sich einander, denn die beiden sind die treibende Kraft der Gesellschaft." =Antwort auf die Frage 18 im Grass-Test)

c) *Elaborationen (Schlußfolgerungen) ohne Textbezug und/ oder ohne Bezug zur Frage:* Hier werden solche Antworten eingeordnet, die entweder überhaupt nicht auf die Frage eingehen oder die allgemeine Schlußfolgerungen enthalten, die wahrscheinlich auch ohne Textlektüre als Antwort auf die jeweilige Frage gezogen worden wären. (z.B. "Beide stehen in Beziehung insofern daß sie unmittelbar in einer Gemeinschaft leben, in der keine von beiden für sich selbst leben könnte." =Antwort auf die Frage 9 im Grass-Test)

2) Textbezogene Antworten:

a) *Einfache Textreproduktion:* Der Leser gibt Textpassagen wortwörtlich wieder ohne eigenen Kommentar (Zitate).

b) *Textrekonstruktion:* Hierzu zählen nicht wortwörtliche Wiedergaben von Textpassagen (Paraphrasen) ebenfalls ohne Kommentar bzw. ohne Ergänzungen durch den Leser, d.h. Antworten im Sinne einer Nacherzählung. Dabei können Details ausgewählt, spezifiziert oder verallgemeinert werden (Vgl. Kintsch/ van Dijk 1978).

3) Synthetische Antworten:

a) *Erweiterte Textreproduktion:* Zu dieser Kategorie gehören Zitate mit Leserkommentar und/ oder Elaboration.

b) *Fehlinterpretation:* Der Leser paraphrasiert eine oder mehrere Textpassagen, wobei die Zusammenhänge verzerrt dargestellt werden (z.B. im Grass-Test: "Monika war eine Rechtshänderin." als Antwort auf die Frage 14).

c) *Elaborationen mit konkretem Textbezug:* Bei Antworten dieser Kategorie ist erkennbar, daß der Leser von einer bestimmten Textpassage ausgegangen ist und diese paraphrasiert. Dabei wird der Textsinn auf ein bestimmtes Moment reduziert und/ oder Details hinzugefügt, d.h. Ergänzungen aus dem eigenen Wissen, und "falsche" Schlußfolgerungen gezogen. (z.B. "Ich denke ja, denn es wird geschrieben, daß sie getroffen haben, was sie wollten." =Antwort auf die Frage 17 im Grass-Test)

d) *Elaborationen mit allgemeinem Textbezug:* Der Leser antwortet pauschal auf die Frage ohne einen erkennbaren konkreten Begründungszusammenhang. (z.B. "Nein, das trifft nicht." =Antwort auf die Frage 5 im Grass-Test)

Nach der Kategorisierung der Antworten wurden die Häufigkeiten tabellarisch aufbereitet (Tabelle 6/1 bis 6/3). Für jede Gruppe wurden außerdem die Rangplätze der einzelnen Kategorien berechnet. Es wird nun gefragt, ob die Rangfolgen der Kategorien im Vergleich von jeweils zwei Gruppen untereinander überein stimmen oder nicht. Zuerst wurde die L2-G0-/ L2-W0-Gruppe mit der L2-G1-/ L2-W1-Gruppe (Tabelle 6/1) verglichen und dann jede der beiden L2-Gruppen mit der L1-Gruppe (Tabelle 6/2) des Tests. In der Statistik nennt man den Zusammenhang zwischen zwei Rangfolgen Rangkorrelation. Der Grad dieses Zusammenhangs wird durch den Rangkorrelationskoeffizienten R bestimmt. Er ist für den Wertebereich

−1≤R≤+1 definiert. Der Rangkorrelationskoeffizient R wird nach folgender Formel berechnet:

$$R = 1 - \frac{6 \sum d_i^2}{n(n^2 - 1)} \qquad (4)$$

d_i Differenz des Rangplatzpaares $(x_i - y_i)$

n Anzahl der Rangplä tze

Die Anzahl der Rangplätze sollte dabei in dem Intervall 5≤n≤30 liegen, da bei zu kleinem n der Korrelationskoeffizient unsicher ist und bei zu großem n die Bestimmung der Rangfolgen subjektive Schwierigkeiten bereitet. (Siehe: Clauß/ Ebner 1992, 124ff.)

In Tabelle 6/3 werden nur die Rangfolgen der einzelnen Kategorien dargestellt, um Abweichungen in den Häufigkeiten zwischen den drei Gruppen deutlich sichtbar zu machen.

6.2.5 Datenauswertung zur Beantwortung der Frage 4

Der Assoziationstest wurde zunächst quantitativ ausgewertet, d.h. es wurden folgende Häufigkeiten ermittelt und in Tabellenform (Tabelle 7) dargestellt:

- Anzahl der Assoziationsantworten pro Gruppe,
- Anzahl der Wortbedeutungsantworten,
- keine Antworten,
- durchschnittliche Anzahl der Assoziationsantworten je Versuchsperson (von der Summe der Reizwörter) und
- durchschnittliche Anzahl der Nennungen je Reizwort

An die quantitative Auswertung schließt sich die qualitative Beschreibung der assoziierten Inhalte an. Die Assoziationen wurden hierbei vor allem daraufhin untersucht, wie groß die Zahl der allgemeinen und der individuellen Assoziationen ist, ob ausgehend von der Betrachtung der Assoziationen Rückschlüsse auf Unterschiede im Vorwissen möglich sind und welcher Art diese Unterschiede sind. Unter allgemeinen Assoziationen versteht man Assoziationen, die von mehr als einer Versuchsperson gegeben wurde, unter individuellen Assoziationen solche, die nur einmal genannt wurden (Vgl. Grimm/ Engelkamp 1981).

6.2.6 Datenauswertung zur Beantwortung der Frage 5

Als letzter Auswertungspunkt sollte geprüft werden, ob ein statistisch signifikanter Zusammenhang zwischen Texteindruck und Vorstrukturierung feststellbar ist. Von den Versuchspersonen wurde im Rezeptionstest verlangt, ihr Urteil hinsichtlich der Kategorien "Gefallen", "Zum Nachdenken anregend" und "Verständlichkeit" auf einer fünfstufigen Werteskala und bezüglich der Kategorie "Identifikation" auf einer zweistufigen Skala anzugeben. Da die Anzahl der Versuchsper sonen und damit die Häufigkeiten der einzelnen Urteile sehr gering sind, wurden jeweils die Werte der beiden oberen und unteren Skalenabschnitte in den drei ersten Kategorien zusammengefaßt. So ergeben sich in diesen Kategorien drei Urteilsgruppen: "positiv" ("+1"), "gleichgültig" ("0") und "negativ" ("-1"). Weil einige Versuchspersonen sich hinsichtlich ihrer Identifikationsbereitschaft nicht zwischen "ja" und "nein" entscheiden konnten, gibt es auch in dieser Kategorie eine dritte Wertung "vielleicht".

Die Häufigkeiten der einzelnen Wertungen sind jeweils der Tabelle 8 zu entnehmen. Zur Prüfung eines Zusammenhangs zwischen Texteindruck und Vorstrukturierung wurde wieder mit der X^2-Methode nach Formel (1) gearbeitet (Tabelle 9/1 bis 9/4). Der Lösungsweg entspricht dem aus dem Abschnitt 6.2.3.

6.3 Ergebnisse aus dem Grass-Test

6.3.1 Frage 1

Tabelle 1(G): Anzahl der adäquat (+1), teilweise adäquat (0), nicht adäquat (-1) und nicht beantworteten Fragen (/) je Textdimension und Gruppe

Textdimensionen	Gruppen		
	L2-G0	L2-G1	L1-G
Sujet + Figuren			
+1	19 (14,8%)	23 (22,1%)	36 (64,3%)
0	38 (29,7%)	37 (35,6%)	18 (32,1%)
-1	42 (32,8%)	24 (23,1%)	2 (3,6%)
/	29 (22,7%)	20 (19,2%)	0
Summe	128 (100%)	104 (100%)	56 (100%)

Textdimensionen	Gruppen		
	L2-G0	L2-G1	L1-G
Blickpunkt			
+1	1 (3,1%)	1 (3,8%)	4 (28,6%)
0	6 (18,8%)	11 (42,3%)	7 (50,0%)
-1	18 (56,2%)	11 (42,3%)	3 (21,4%)
/	7 (21,9%)	3 (11,5%)	0
Summe	32 (100%)	26 (100%)	14 (100%)
Rahmen			
+1	12 (75,0%)	11 (84,6%)	5 (71,4%)
0	2 (12,5%)	1 (7,7%)	1 (14,3%)
-1	2 (12,5%)	1 (7,7%)	1 (14,3%)
/	0	0	0
Summe	16 (100%)	13 (100%)	7 (100%)
Einstellung			
+1	11 (68,7%)	8 (61,5%)	6 (85,7%)
0	2 (12,5%)	3 (23,1%)	1 (14,3%)
-1	1 (6,3%)	1 (7,7%)	0
/	2 (12,5%)	1 (7,7%)	0
Summe	16 (100%)	13 (100%)	7 (100%)
Raum + Figuren			
+1	8 (25%)	6 (23,1%)	8 (57,1%)
0	17 (53%)	10 (38,5%)	5 (35,7%)
-1	3 (9,4%)	6 (23,1%)	1 (7,2%)
/	4 (12,6%)	4 (15,4%)	0
Summe	32 (100%)	26 (100%)	14 (100%)

Aus den Daten dieser Tabelle ergibt sich die zweite Tabelle, in der die Textdimensionen entsprechend den Häufigkeiten der einzelnen Antwortkategorien in Rangfolgen gebracht wurden. Aus dieser Tabelle ist somit ersichtlich, zu welchen Fragekomplexen es die meisten adäquaten, teilweise adäquaten, nicht adäquaten und fehlenden Antworten gab und umgekehrt. Da von einer nicht adäquaten bzw. fehlenden Antwort auf nicht vorhandenes oder nicht eingesetztes Vorwissen geschlossen werden kann, läßt sich aus der Anzahl dieser Antwortkategorien in den einzelnen Fragekomplexen demzufolge ablesen, bei welcher Textdimension der Einfluß des Vorwissens am stärksten zum Tragen kommt.

Tabelle 2(G): Rangfolgen der Textdimensionen in den einzelnen Antwortkategorien (Adäquatheitsdimension)

Antwortkategorien	Gruppen		
	L2-G0	L2-G1	L1-G
+1	1. Rahmen 2. Einstellung 3. Raum + Figuren 4. Sujet + Figuren 5. Blickpunkt	1. Rahmen 2. Einstellung 3. Raum + Figuren 4. Sujet + Figuren 5. Blickpunkt	1. Einstellung 2. Rahmen 3. Sujet + Figuren 4. Raum + Figuren 5. Blickpunkt
0	1. Raum + Figuren 2. Sujet + Figuren 3. Blickpunkt 4. Rahmen/ Einstellung	1. Blickpunkt 2. Raum + Figuren 3. Sujet + Figuren 4. Einstellung 5. Rahmen	1. Blickpunkt 2. Raum + Figuren 3. Sujet + Figuren 4. Rahmen/ Einstellung
-1	1. Blickpunkt 2. Sujet + Figuren 3. Rahmen 4. Raum + Figuren 5. Einstellung	1. Blickpunkt 2. Sujet + Figuren 3. Raum + Figuren 4. Rahmen/ Einstellung	1. Blickpunkt 2. Rahmen 3. Raum + Figuren 4. Sujet + Figuren 5. Einstellung
/	1. Blickpunkt/ Sujet + Figuren 3. Raum + Figuren 4. Einstellung 5. Rahmen	1. Sujet + Figuren 2. Raum + Figuren 3. Blickpunkt 4. Einstellung 5. Rahmen	alle Fragen beantwortet
Zusammenfassung -1 und /	1. Blickpunkt (78,1%) 2. Sujet + Figuren (55,5%) 3. Raum + Figuren (22%) 4. Einstellung (18,8%) 5. Rahmen (12,5%)	1. Blickpunkt (53,8%) 2. Sujet + Figuren (42,3%) 3. Raum + Figuren (38,5%) 4. Einstellung (15,4%) 5. Rahmen (7,7%)	1. Blickpunkt (21,4%) 2. Rahmen (14,3%) 3. Raum + Figuren (7,2%) 4. Sujet + Figuren (3,6%) 5. Einstellung (0%)

Die Rangfolgen aus der Zusammenfassung der nicht adäquaten und der fehlenden Antworten sollen nun miteinander verglichen werden. Da die Rangfolgen der beiden L2-Gruppen identisch sind, können diese in einer Spalte dargestellt werden.

Tabelle 3(G): Vergleich der Rangfolgen ("-1" und "/")

Textdimension	Rangplatz in L2 x_i	Rangplatz in L1 y_i	Differenz der Rangplätze $d_i = x_i - y_i$	d_i^2
Sujet + Figuren	2	4	-2	4
Blickpunkt	1	1	0	0
Rahmen	5	2	3	9
Einstellung	4	5	-1	1
Raum + Figuren	3	3	0	0
Summe	15	15	0	14

Unter Verwendung der Formel (4) läßt sich der Grad der Übereinstimmung

$$R = 1 - \frac{6\sum d_i^2}{n(n^2 - 1)} = 1 - \frac{84}{120} = 0,3$$

Ein Vergleich der Gruppen hinsichtlich der Fehlerhäufigkeiten und der Rangplätze der einzelnen Textdimensionen führt zu folgenden Ergebnissen: Die Daten aus den Tabellen 2a und 2b zeigen, daß die meisten negativen Antworten zu den Textdimensionen Blickpunkt und Sujet+Figuren kamen. Dabei ist die Wahrnehmung des Blickpunktes offenbar unabhängig vom kulturellen Vorwissen für alle drei Gruppen die schwierigste Dimension -auch wenn ein Vergleich der prozentualen Häufigkeiten negativer Antworten in dieser Textdimension eine weitaus geringere Fehlerquote in der L1-Gruppe verdeutlicht. Das Problem für die meisten Versuchspersonen und die Ursache für falsche Schlußfolgerungen bestand darin, daß sehr häufig der Erzählerblickpunkt mit dem des Autors identifiziert wurde. Hier handelt es sich vermutlich um eine allgemeine Schwierigkeit beim Umgang mit Literatur, die sowohl im muttersprachlichen als auch im fremdsprachigen Literaturunterricht stärker berücksichtigt werden sollte.

Ferner wird deutlich, daß die Rezeption der Textdimension Sujet+Figuren sehr stark vom kulturellen Vorwissen beeinflußt wird. In beiden L2-Gruppen steht diese Dimension bezüglich der Häufigkeit negativer Antworten an zweiter Stelle. Nahezu die Hälfte aller Fragen zu Sujet+Figuren wurde in beiden Gruppen negativ beantwortet. Ein Vergleich der Rangplätze mit der L1-Gruppe offenbart deutliche Unterschiede: Hier steht diese Dimension erst an vierter Stelle . Für die L1-Leser ist die Textdimension Sujet+Figuren bei weitem weniger problematisch als für die L2-Leser, da sie mit dem thematischen Hintergrund besser vertraut sind. Die sehr niedrige Fehlerquote von 3,6% belegt diese Beobachtung. Die im Abschnitt 3.3.2. aufgestellte Hypothese kann hiermit bestätigt werden.

Aus der Zusammenfassung der Häufigkeiten negativer Antworten in der Tabelle 2a ergeben sich für die L2-Gruppen identische Rangfolgen. Trotz erkennbarer Unterschiede in den einzelnen Häufigkeiten zwischen den beiden Gruppen, die Gegenstand der Auswertung im Abschnitt 6.3.2. sein werden, stimmen sie in den Schwierigkeitsgraden der Textdimensionen überein. In beiden Gruppen ist die Zahl negativer Antworten in der Dimension Blickpunkt am höchsten und am niedrigsten in der Dimension Rahmen. Damit haben die Fragen zu den Textdimensionen unabhängig von der Vorstrukturierung den gleichen Schwierigkeitsgrad, ausgedrückt durch die Fehlerquote. Der Vergleich mit der L1-Gruppe (Tabelle 2b) zeigt eine mäßige Übereinstimmung (R=0,3). Die Unterschiede bezüglich der Textdimensionen zwischen der L1-Gruppe und den L2-Gruppen sind sehr deutlich beim Rahmen (d_i=3) und bei Sujet+Figuren (d_i= -2). Die Werte der prozentualen Häufigkeiten negativer Antworten zur Dimension Rahmen in den L2-Gruppen zeigen dabei jedoch eine erstaunlich geringe Differenz zu denen der L1-Gruppe. Hier verfügen also offenbar alle Versuchspersonen über annähernd äquivalentes Wissen. Hingegen ist die Differenz in den Häufigkeitswerten zu Sujet+Figuren beträchtlich (Siehe oben). Einen geringen Unterschied gibt es in der Dimension der Einstellung (d_i= -1). Die Fragen zu Raum und Blickpunkt haben in allen Gruppen den gleichen Stellenwert, obgleich es auch hier wieder starke Unterschiede in den Häufigkeitswerten zwischen den L2-Gruppen und der L1-Gruppe gibt.

6.3.2 Frage 2

Zur Beantwortung der zweiten Frage wird untersucht, ob es statistisch signifikante Unterschiede in den Daten der Gruppe mit Vorstrukturierung und denen der Gruppe ohne Vorstrukturierung gibt. Die Werte für die Berechnungen wurden der Tabelle 1 entnommen. Zuerst wird geprüft, ob es Unterschiede in der Verteilung der Antwortkategorien gibt, d.h. ob sich die Häufigkeiten der einzelnen Kategorien signifikant unterscheiden oder ob sie zufällig sind.

Es wird nach Formel (1) gerechnet. Für alle Berechnungen mit den Werten der Tabellen 4/1 bis 4/5 gilt:

$H_0: \Pi_1 = \Pi_2;$ $H_1: \Pi_1 \neq \Pi_2$
α=0,05
f=3
$X^2_{\alpha;f}$=7,81

Tabelle 4/1(G): Sujet + Figuren

Antwort	L2-G0	L2-G1	Summe
+1	19 (23,2)	23 (18,8)	42
0	38 (41,4)	37 (33,6)	75
-1	42 (36,4)	24 (29,6)	66
/	29 (27,0)	20 (22,0)	49
Summe	128	104	232

$$X^2 = \frac{232^2}{128 \cdot 104} \cdot \left(71,75 - \frac{128^2}{232}\right) = 4,6$$

$$X^2 < X^2_{\alpha;f}$$

Also gilt $H_1 : \Pi_1 \neq \Pi_2$.

Tabelle 4/2(G): Blickpunkt

Antwort	L2-G0	L2-G1	Summe
+1	1 (1,1)	1 (0,9)	2
0	6 (9,4)	11 (7,6)	17
-1	18 (16,0)	11 (13,0)	29
/	7 (5,5)	3 (4,4)	10
Summe	32	26	58

Geänderte Häufigkeiten nach der Kontinuitätskorrektur:

Antwort	L2-G0	L2-G1	Summe
+1	1,5(1,1)	0,5(0,9)	2
0	6,5(9,4)	10,5(7,6)	17
-1	17,5(16,0)	11,5(13,0)	29
/	6,5(5,5)	3,5(4,4)	10
Summe	32	26	58

$$X^2 = \frac{58^2}{32 \cdot 26} \cdot \left(18,7 - \frac{32^2}{58}\right) = 4,4$$

$$X^2 < X^2_{\alpha;f}$$

Also gilt $H_0 : \Pi_1 = \Pi_2$.

Tabelle 4/3(G): Rahmen

Antwort	L2-G0	L2-G1	Summe
+1	12 (12,7)	11 (10,3)	23
0	2 (1,6)	1 (1,3)	3
-1	2 (1,6)	1 (1,3)	3
/	0	0	0
Summe	16	13	29

Geänderte Häufigkeiten nach der Kontinuitätskorrektur:

Antwort	L2-G0	L2-G1	Summe
+1	12,5(12,7)	10,5(10,3)	23
0	1,5(1,6)	1,5(1,3)	3
-1	1,5(1,6)	1,5(1,3)	3
/	0	0	0
Summe	15,5	13,5	29

$$X^2 = \frac{29^2}{15,5 \cdot 13,5} \cdot \left(8,3 - \frac{15,5^2}{29}\right) = 0,04$$

$$X^2 < X^2_{\alpha;f}$$

Also gilt $H_0 : \Pi_1 = \Pi_2$.

Tabelle 4/4(G): Einstellung

Antwort	L2-G0	L2-G1	Summe
+1	11 (10,5)	8 (8,5)	19
0	2 (2,7)	3 (2,2)	5
-1	1 (1,1)	1 (0,9)	2
/	2 (1,6)	1 (1,3)	3
Summe	16	13	29

Geänderte Häufigkeiten nach der Kontinuitätskorrektur:

Antwort	L2-G0	L2-G1	Summe
+1	10,5(10,5)	8,5(8,5)	19
0	2,5(2,7)	2,5(2,2)	5
-1	1,5(1,1)	0,5(0,9)	2
/	1,5(1,6)	1,5(1,3)	3
Summe	16	13	29

$$X^2 = \frac{29^2}{16 \cdot 13} \cdot \left(8,9 - \frac{16^2}{29}\right) = 0,28$$

$$X^2 < X^2_{\alpha;f}$$

Also gilt $H_0 : \Pi_1 = \Pi_2$.

Tabelle 4/5(G): Raum + Figuren

Antwort	L2-G0	L2-G1	Summe
+1	8 (7,7)	6 (6,3)	14
0	17 (14,9)	10 (12,1)	27
-1	3 (4,9)	6 (4,0)	9
/	4 (4,4)	4 (3,5)	8
Summe	32	26	58

Geänderte Häufigkeiten nach der Kontinuitätskorrektur:

Antwort	L2-G0	L2-G1	Summe
+1	7,5(7,7)	6,5(6,3)	14
0	16,5(14,9)	10,5(12,1)	27
-1	3,5(4,9)	5,5(4,0)	9
/	4,5(4,4)	3,5(3,5)	8
Summe	32	26	58

$$X^2 = \frac{58^2}{32 \cdot 26} \cdot \left(17,9 - \frac{32^2}{58}\right) = 1,2$$

$$X^2 < X^2_{\alpha;f}$$

Also gilt $H_0: \Pi_1 = \Pi_2$.

Da in allen fünf Textdimensionen das berechnete X^2 kleiner ist als der kritische Wert 7,81, wird H_0 angenommen und die Hypothese der unterschiedlichen Verteilungen zurückgewiesen.

Es soll nun noch geprüft werden, ob es einen allgemeinen Zusammenhang zwischen der Vorstrukturierung und den positiven/ negativen Antworten auf die Fragen zum Text gibt. Für diesen Zweck wurden die Häufigkeiten der Kategorien "+1" und "0" sowie die Werte von "-1" und "/" zusammengefaßt. Gerechnet wird nach der Formel (3) des G-Tests. Als Prüfgröße gilt:

$$X^2_{0,05;1} = 3,84.$$

Tabelle 5/1(G): Sujet + Figuren

Antwort	L2-G0	L2-G1	Summe
+1 u. 0	57 (65,1)	60 (52,3)	118
-1 u. /	71 (62,9)	44 (51,1)	114
Summe	128	104	232

Die g-Werte lauten

	für die vier Tafelfelder	für die vier Randfelder
	460,90	1125,88
	491,32	1079,85
	605,30	1242,12
	333,00	966,03
	S_1=1890,52	S_3=4413,88
für n=232	S_2=2527,29	
	S_1+S_2=4417,81	

$$G = S_1 + S_2 - S_3 = 3,93 > 3,84.$$

Tabelle 5/2(G): Blickpunkt

Antwort	L2-G0	L2-G1	Summe
+1 u. 0	7 (10,5)	12 (8,5)	19
-1 u. /	25 (21,5)	14 (17,5)	39
Summe	32	26	58

Die g-Werte lauten

	für die vier Tafelfelder	für die vier Randfelder
	27,24	111,88
	59,64	285,76
	160,94	221,81
	73,89	169,42
	$S_1 = 321{,}71$	$S_3 = 788{,}87$
für n=232	$S_2 = 471{,}01$	
	$S_1 + S_2 = 792{,}72$	

$$G = S_1 + S_2 - S_3 = 3{,}85 > 3{,}84.$$

Tabelle 5/3(G): Rahmen

Antwort	L2-G0	L2-G1	Summe
+1 u. 0	14 (14,3)	12 (11,6)	26
-1 u. /	2 (1,6)	1 (1,3)	3
Summe	16	13	29

Geänderte Tafel mit Kontinuitätskorrektur:

Antwort	L2-G0	L2-G1	Summe
+1 u. 0	14,5(14,3)	11,5(11,6)	26
-1 u. /	1,5(1,6)	1,5(1,3)	3
Summe	16	13	29

Die g-Werte lauten

	für die vier Tafelfelder	für die vier Randfelder
	77,55	169,42
	56,17	6,59
	1,22	66,69
	1,22	88,72
	$S_1=136,16$	$S_3=331,42$
für n=232	$S_2=195,30$	
	$S_1+S_2=331,46$	

$$G = S_1 + S_2 - S_3 = 0,04 > 3,84.$$

Tabelle 5/4(G): Einstellung

Antwort	L2-G0	L2-G1	Summe
+1 u. 0	13 (13,2)	11 (10,7)	24
-1 u. /	3 (2,7)	2 (2,2)	5
Summe	16	13	29

Geänderte Tafel mit Kontinuitätskorrektur:

Antwort	L2-G0	L2-G1	Summe
+1 u. 0	13,5(13,2)	10,5(10,7)	24
-1 u. /	2,5(2,7)	2,5(2,2)	5
Summe	16	13	29

Die g-Werte lauten

	für die vier Tafelfelder	für die vier Randfelder
	70,27	152,55
	4,58	16,09
	49,38	66,69
	4,58	88,72
	$S_1=128,81$	$S_3=324,05$
für n=232	$S_2=195,30$	
	$S_1+S_2=324,11$	

$$G = S_1 + S_2 - S_3 = 0,06 > 3,84.$$

Tabelle 5/5(G): Raum + Figuren

Antwort	L2-G0	L2-G1	Summe
+1 u. 0	25 (22,6)	16 (18,4)	41
-1 u. /	7 (9,3)	10 (7,6)	17
Summe	32	26	58

Die g-Werte lauten

	für die vier Tafelfelder	für die vier Randfelder
	160,94	304,51
	88,72	96,33
	27,24	221,81
	46,05	169,42
	$S_1 = 322,95$	$S_3 = 793,07$
für n=232	$S_2 = 471,01$	
	$S_1 + S_2 = 793,96$	

$$G = S_1 + S_2 - S_3 = 0,89 > 3,84.$$

Die X^2-Methode erbrachte keine statistisch signifikanten Unterschiede in den Verteilungen der beiden Gruppen, d.h. die Nullhypothese H_0 kann empirisch nicht zurückgewiesen werden. Sie ist damit jedoch keinesfalls "bewiesen", sondern bleibt eine von vielen möglichen Hypothesen. Die erzielten empirischen Resultate dürfen erst dann wissenschaftlich gültig verallgemeinert werden, wenn Daten aus verschiedenen Stichproben auf Signifikanz geprüft worden sind (Vgl. Clauß/ Ebner 1992: 190). Ein Vergleich der prozentualen Häufigkeiten (Tabelle 1) zeigt, daß es Unterschiede zwischen der L2-G0-Gruppe und der L2-G1-Gruppe gibt. Mit Ausnahme der Dimension Raum+Figuren hat die Gruppe mit Vorstrukturierung in allen Dimensionen bessere Werte. Die Unterschiede sind aber zu gering und daher statistisch nicht belegbar. Notwendig wären also Meßwerte aus mehreren Stichproben. Das müßten vor allem Testgruppen sein, von denen als gesichert gelten kann, daß sie einer Grundgesamtheit angehören. Diese Bedingung konnte in meinen Untersuchungen nur eingeschränkt erfüllt werden. Die Testgruppen wurden zwar alle als "Fortgeschrittene" klassifiziert, jedoch zeigten sich im Verlauf der Tests deutliche Unterschiede im Sprachbeherrschungsniveau. Das Problem liegt hier offenbar darin begründet, daß die Kriterien für die Einstufung von Lernern, z.B. als "Fortgeschrittene", nicht hinreichend sind.

Der G-Test zeigt in den Dimensionen Sujet+Figuren und Blickpunkt einen kleinen Zusammenhang zwischen Vorstrukturierung und positiven negativen

Antworten. Der berechnete G-Wert liegt gerade noch im kritischen Bereich, der durch $G \geq X^2_{0,05;1} = 3,84$ bestimmt ist. Trotz dieses sehr knappen Ergebnisses kann damit die anfangs aufgestellte Behauptung statistisch gestützt werden, daß eine der Lektüre vorausgehende textbezogene kulturelle Orientierung die Rezeption positiv beeinflußt. Das Ergebnis unterstützt gleichzeitig die bezüglich der ersten Frage aufgestellte Hypothese, daß sich der Einfluß des Vorwissens am ehesten in der Dimension Sujet+Figuren bemerkbar macht. Die Ergebnisse der Datenauswertung zu den Fragen 1 und 2 stimmen in ihren Grundaussagen überein: Der Einfluß des kulturellen Vorwissens zeigt sich am deutlichsten in den Dimensionen Sujet+Figuren und Blickpunkt.

6.3.3 Frage 3

Es soll nun untersucht werden, welche der inhaltsanalytischen Antwortkategorien in den einzelnen Gruppen am häufigsten vorkommen und welche Unterschiede es zwischen den Gruppen gibt.

Tabelle 6/1(G): Häufigkeiten und Rangfolgen der Antwortkategorien in den L2-Gruppen

Kategorie	L2-G0		L2-G1		Differenz der	
	Häufigkeit	Rangplatz x_i	Häufigkeit	Rangplatz y_i	Rangplätze $d_i = x_i - y_i$	$d_i{}^2$
1a	6 (4,6%)	7	5 (4,8%)	7	0	0
1b	15 (11,5%)	4	16 (15,2%)	3	1	1
1c	14 (10,7%)	5	11 (10,5%)	4	1	1
2a	7 (5,3%)	6	3 (2,9%)	9	-3	9
2b	3 (2,3%)	9	9 (8,6%)	5	4	16
3a	4 (3,1%)	8	4 (3,8%)	8	0	0
3b	21 (16,0%)	3	6 (5,7%)	6	-3	9
3c	35 (26,7%)	1	25 (23,8%)	1,5	-0,5	0,25
3d	26 (19,8%)	2	25 (23,8%)	1,5	0,5	0,25
Summe	131 (100%)	45	105 (100%)	45	0	36,6

Nach Formel (4) wird der Rangkorrelationskoeffizient berechnet, um festzustellen, inwieweit die beiden Rangfolgen übereinstimmen.

$$R = 1 - \frac{6 \cdot 36{,}5}{9(81-1)} = 1 - \frac{36{,}5}{120} = 0{,}7$$

Die Rangfolgen in L2-G0 und L2-G1 stimmen relativ gut miteinander überein. In drei Fällen (2a, 2b und 3b) weichen die Rangplätze erheblich voneinander ab.

Tabelle 6/2(G): Vergleich der Rangfolgen in den L2-Gruppen mit der Rangfolge in der L1-Gruppe

Kate-gorie	L1-G		L2-G0	L2-G1				
	Häufigkeit	Rang-platz z_i	Rang-platz x_i	Rang-platz y_i	$z_i - x_i$	$(z_i - x_i)^2$ d_{1i}^2	$z_i - y_i$	$(z_i - y_i)^2$ d_{2i}^2
1a	3 (7,7%)	5	7	7	-2	4	-2	4
1b	4 (10,3%)	4	4	3	0	0	1	1
1c	5 (12,8%)	3	5	4	-2	4	-1	1
2a	0	8,5	6	9	2,5	6,25	-0,5	0,25
2b	0	8,5	9	5	-0,5	0,25	3,5	12,25
3a	1 (2,6%)	7	8	8	-1	1	-1	1
3b	2 (5,1%)	6	3	6	3	9	0	0
3c	11 (28,2%)	2	1	1,5	1	1	0,5	0,25
3d	13 (33,3%)	1	2	1,5	-1	1	-0,5	0,25
Summe	39(100%)	45	45	45	0	26,5	0	20

$$R_{z;x} = 1 - \frac{6 \cdot 26{,}5}{9(81-1)} = 0{,}78$$

$$R_{z;y} = 1 - \frac{6 \cdot 20}{9(81-1)} = 0{,}83$$

Die Rangkorrelationskoeffizienten belegen eine ebenfalls relativ gute Übereinstimmung zwischen der L2-G0-Gruppe und der L1-Gruppe. Unterschiede gibt es in den Kategorien 2a und 3b (siehe Differenz der Rangplätze). Die Rangfolge der Gruppe L2-G1 hingegen stimmt nur mäßig mit der von der L1-G-Gruppe überein, obgleich der Unterschied nur in einer Kategorie erheblich ist (2b). Zur Verdeutlichung der Gemeinsamkeiten und Unterschiede mag folgende Tabelle dienen.

Tabelle 6/3(G): Darstellung der Rangfolgen in der Übersicht

1) Leserbezogene Antworten
   a) Hypothesen
   b) Metastatements
   c) Elaborationen ohne Text- u./o. Fragenbezug
2) Textbezogene Antworten
   a) Einfache Textreproduktion
   b) Textrekonstruktion
3) Synthetische Antworten
   a) Fehlinterpretation
   b) Elaborationen mit konkretem Textbezug
   c) Erweiterte Textreproduktion
   d) Elaborationen mit allgemeinem Textbezug

Rangplätze	L2-G0	L2-G1	L1-G
1	3c	3c/3d	3d
2	3d		3c
3	3b	1b	1c
4	1b	1c	1b
5	1c	2b	1a
6	2a	3b	3b
7	1a	1a	3a
8	3a	3a	2a/2b
9	2b	2a	

In allen drei Gruppen sind über die Hälfte der untersuchten Antworten synthetische Antworten, d.h. Antworten, die der Leser mit Hilfe seines Vorwissens und des Textes zu finden versucht. Die Antwortkategorien 3c und 3d werden dabei am häufigsten verzeichnet. Fast ein Drittel sind leserbezogene Antworten; der Anteil textbezogener Antworten ist in der L1-Gruppe gleich Null und in den L2-Gruppen in geringem Maße vorhanden. Man kann also feststellen, daß die Gruppen unabhängig voneinander ähnliche Lesestrategien einsetzen. Die Ergebnisse belegen, daß die L2-Leser in beiden Gruppen in der Mehrzahl versuchen, ihr Vorwissen einzusetzen, wobei es zu unterschiedlichen Arten von falschen Schlußfolgerungen kommt. Damit unterstützen die empirischen Befunde die Theorie zum Einfluß des kulturellen Vorwissens auf die Textrezeption. Da die Mehrzahl der teilweise adäquaten und nicht adäquaten Antworten auf fehlendes bzw. anderes Vorwissen zurückgeführt werden kann, erscheint es mir folglich gerechtfertigt, an den Häufigkeiten der einzelnen Adäquatheitskategorien den Einfluß des Vorwissens abzulesen. Die zur Beantwortung der Frage 1 gewählte Methode wird somit im nachhinein empirisch gestützt. Einen relativ hohen Stellenwert nach den Kategorien 3c/d haben Metastatements und Elaborationen ohne Text-/Fragenbezug. Auch hier setzt der Leser sein Vorwissen ein, wobei der Text jedoch völlig in den Hintergrund gedrängt wird.

6.3.4 Frage 4

Bei der Auswertung der Assoziationen stellte sich heraus, daß eine große Zahl der Versuchspersonen mit dieser Testmethode nicht vertraut war und anstelle der erwarteten Assoziationen die jeweiligen Wortbedeutungen zu den Reizwörtern notierte. Aus diesem Grund wurden die Daten des Assoziationstests zunächst quantitativ ausgewertet, um die Anzahl der richtigen Assoziationsantworten sowie deren Umfang zu bestimmen.

Tabelle 7(G): quantitative Auswertung der Assoziationen

	L2-G0	L2-G1
Assoziationsantworten (AW)	49,9%	66,4%
Wortbedeutung	43,0%	22,1%
keine Antwort	10,1%	11,5%
durchschnittliche Anzahl d. AW je Vp (von 8 Reizwörtern)	3,7	5,3
durchschnittliche Anzahl d. Nennungen je Reizwort	3,4	3,3

Wie man der Tabelle entnehmen kann, ist die Zahl der Störungen relativ groß: das Ausbleiben von Assoziationen aufgrund von Nichtverstehen des Reizwortes oder Wortbedeutungserklärungen anstelle von Assoziationen. Diese Störungen erlauben auch Rückschlüsse auf das Vorwissen. So gibt es zum Beispiel auffallend viele Störungen beim Reizwort "Sektierertum". Im Durchschnitt wurden in der Gruppe L2-G0 nur zu weniger als der Hälfte der Reizwörter Assoziationsantworten gegeben; in der L2-G1-Gruppe waren es etwas mehr. Auch der Umfang der Assoziationsantworten ist mit durchschnittlich drei Nennungen je Reizwort sehr gering. Das kann Ursachen im (mangelnden) Vorwissen zu den Reizwörtern bzw. den mit ihnen verbundenen Konzepten haben oder aber darin begründet sein, daß die Versuchspersonen mit der Methode des Assoziationstests nicht vertraut sind. Um den letztgenannten Hindernissen zu begegnen, müßte man vor einem Einsatz dieser Testmethode im Unterricht zunächst eine Trainingsphase einplanen.

Ziel der qualitativen Auswertung der Assoziationen nach den assoziierten Inhalten war die Bestimmung von allgemeinen und individuellen Assoziationen.

118

Allgemeine Assoziationen sind solche, die von mehr als einer Versuchsperson genannt werden; individuelle Assoziationen werden nur einmal gegeben. Dabei wurden Wortwiederholungen und sinnverwandte Wörter zu einem Wortfeld zusammengefaßt. Auffallend war, daß in der Mehrzahl der Assoziationen Elemente der Wortbedeutung assoziiert, d.h. einzelne Seme genannt wurden (z.B. zum Reizwort "Linkshänder": "ungeschickt", "außerordentlich", "Minderheit"). Insgesamt gab es sehr wenige individuelle Assoziationen, die Rückschlüsse auf Unterschiede im Vorwissen zulassen würden. Zu den meisten Schlüsselwörtern besitzen die Testpersonen offenbar ähnliches Vorwissen: Links- bzw. Rechtshändigkeit bezeichnen eine biologische Eigenschaft, die allen bekannt ist, auch wenn es sicher Unterschiede im Ansehen dieser Eigenschaft zwischen den Kulturen gibt. Zu den Reizwörtern "Die Linken" und "Die linken Brüder" existiert ein allgemeines politisches Vorwissen, zu "Duell" ein historisches Vorwissen und zu "Verein" und "Anpassung" ein soziales Vorwissen. Vor allem das Adjektiv "links" zieht sofort politische Assoziationen nach sich. Hier verfügen alle Versuchspersonen über ein festgeprägtes politisches Vorwissen. Daher kommen auch zum Reizwort "Die linken Brüder" politische Assoziationen. Diese abwertende Bezeichnung für politisch Linksgerichtete wird jedoch im Text in Verbindung mit Homosexuellen gebracht. Möglicherweise liegt in der Priorität der politischen Assoziation die Ursache dafür, daß in beiden Gruppen die Frage 11 nach der Namensgebung des Vereins nur von jeweils einer Versuchsperson richtig beantwortet wurde. Alle anderen Versuchspersonen erklärten das Problem der Namensgebung mit der politischen Diskussion. Problematisch für alle Testpersonen war das Reizwort "Sektierertum". Hierzu erfolgten entweder keine Assoziationen oder Assoziationen in bezug auf Sekten und Religion. Den meisten Versuchspersonen ist dieses Wort augenscheinlich unbekannt. Das wird auch in den Antworten zur Frage 10 deutlich, die in beiden Gruppen insgesamt nur zweimal adäquat beantwortet wurde. Das Problem der Spaltung des Vereins wurde nicht erfaßt, da das hierfür verwendete Bild vom politischen Sektierertum offenbar nicht verstanden wurde.

Es konnte hiermit gezeigt werden, daß der Assoziationstest durchaus zur Bestimmung textbezogenen Vorwissens geeignet ist. Besonders deutlich wurde das bei den Reizwörtern "Sektierertum" und "Die linken Brüder": Hier sind klare Parallelen erkennbar zwischen den Ergebnissen des Assoziationstests und der Zahl adäquater Antworten. Um jedoch Differenzen im Vorwissen eindeutiger ausmachen zu können, sollten in nach Möglichkeit solche Schlüsselwörter ausgewählt werden, bei denen der Erwartungswert bezüglich eines allgemeinen Vorwissens relativ gering ist. In jedem Fall müssen die Lerner trainiert werden, um mit der Methode vertraut zu werden, so daß dann die Zahl verwertbarer Antworten größer und das erzielte Ergebnis repräsentativer ist. Eventuell ist hier eine andere Art der

Aufgabendarbietung günstiger, z.B. in Form der sogenannten "Igelübung", die vielen Lernern aus dem Anfangsunterricht vertraut sein dürfte.

6.3.5   Frage 5

Als letztes soll die Frage beantwortet werden, ob ein statistisch signifikanter Zusammenhang zwischen Vorstrukturierung und Texteindruck feststellbar ist. Zu diesem Zweck werden zunächst die Häufigkeiten der Werturteile in den einzelnen Kategorien zum Texteindruck erfaßt.

Tabelle 8(G): Häufigkeiten der Werturteile

Texteindruck		L2-G0 Σ16	L2-G1 Σ13
1) Gefallen			
positiv	+1	9 (56,2%)	6 (46,1%)
gleichgültig	0	4 (25,0%)	4 (30,8%)
negativ	-1	3 (18,8%)	3 (23,1%)
2) Nachdenken			
positiv	+1	8 (50,0%)	3 (23,1%)
gleichgültig	0	6 (37,5%)	6 (46,1%)
negativ	-1	2 (12,5%)	4 (30,8%)
3) Verständlichkeit			
positiv	+1	2 (12,5%)	3 (23,1%)
gleichgültig	0	10 (62,5%)	9 (69,2%)
negativ	-1	4 (25,0%)	1 (7,7%)
4) Identifikation			
ja	+1	2 (16,7%)	2 (15,4%)
vielleicht	0	2 (16,7%)	1 (7,7%)
nein	-1	8 (66,6%)	10 (76,9%)
		[4x keine Antwort]	

Zur Ermittlung eines Zusammenhangs zwischen den beiden Variablen Vorstrukturierung und Texteindruck wird wie in 6.3.2. nach Formel (1) gerechnet. Dabei gilt für alle Berechnungen mit den Werten der Tabellen 9/1 bis 9/2:

$H_0: \Pi_1 = \Pi_2;$ $H_1: \Pi_1 \neq \Pi_2$
$\alpha = 0,05$
$f = 2$
$X^2_{\alpha;f} = 5,99$

Tabelle 9/1(G): Gefallen

korrigierte Tafel:

Antwort	L2-G0	L2-G1	Σ
+1	9 (8,3)	6 (6,7)	15
0	4 (4,4)	4 (3,6)	8
-1	3 (3,3)	3 (2,7)	6
Summe	16	13	29

Antwort	L2-G0	L2-G1	Σ
+1	8,5	6,5	15
0	4,5	3,5	8
-1	3,5	2,5	6
Summe	16,5	12,5	29

$$X^2 = \frac{29^2}{16,5 \cdot 12,5} \cdot \left(9,3 - \frac{16,5^2}{29}\right) = -0,4$$

$$X^2 < X^2_{a;f}$$

Also gilt $H_0 : \Pi_1 = \Pi_2$.

Tabelle 9/2(G): Nachdenken

korrigierte Tafel:

Antwort	L2-G0	L2-G1	Σ
+1	8 (6,1)	3 (4,9)	11
0	6 (6,6)	6 (5,4)	12
-1	2 (3,3)	4 (2,7)	6
Summe	16	13	29

Antwort	L2-G0	L2-G1	Σ
+1	7,5	3,5	11
0	6,5	5,5	12
-1	2,5	3,5	6
Summe	16,5	12,5	29

$$X^2 = \frac{29^2}{16,5 \cdot 12,5} \cdot \left(9,6 - \frac{16,5^2}{29}\right) = 0,8$$

$$X^2 < X^2_{a;f}$$

Also gilt $H_0 : \Pi_1 = \Pi_2$.

Tabelle 9/3(G): Verständlichkeit

Antwort	L2-G0	L2-G1	Σ
+1	2 (2,8)	3 (2,2)	5
0	10 (10,5)	9 (8,5)	19
-1	4 (2,8)	1 (2,2)	5
Summe	16	13	29

korrigierte Tafel:

Antwort	L2-G0	L2-G1	Σ
+1	2,5	2,5	5
0	10,5	8,5	19
-1	3,5	1,5	5
Summe	16,5	12,5	29

$$X^2 = \frac{29^2}{16,5 \cdot 12,5} \cdot \left(9,5 - \frac{16,5^2}{29}\right) = 0,4$$

$$X^2 < X^2_{a;f}$$

Also gilt $H_0 : \Pi_1 = \Pi_2$.

Tabelle 9/4(G): Identifikation

Antwort	L2-G0	L2-G1	Σ
+1	2 (1,9)	2 (2,1)	4
0	2 (1,4)	1 (1,6)	3
-1	8 (8,6)	10 (9,4)	18
Summe	12	13	25

korrigierte Tafel:

Antwort	L2-G0	L2-G1	Σ
+1	1,5	2,5	4
0	1,5	1,5	3
-1	8,5	9,5	18
Summe	11,5	13,5	25

$$X^2 = \frac{25^2}{11,5 \cdot 13,5} \cdot \left(5,26 - \frac{11,5^2}{25}\right) = -0,24$$

$$X^2 < X^2_{a;f}$$

Also gilt $H_0 : \Pi_1 = \Pi_2$.

Nach der X^2-Methode konnte kein statistisch signifikanter Zusammenhang zwischen den beiden Variablen festgestellt werden. Die Ergebnisse sind jedoch nur bedingt zuverlässig, da folgende Voraussetzung nicht erfüllt ist: Nur ein Fünftel der erwarteten Häufigkeiten darf kleiner als 5 sein. Ursache dafür ist der zu geringe Stichprobenumfang. Die Testgruppen erwiesen sich als zu klein, um zu statistisch verwertbaren Daten zu führen. Der Vergleich der prozentualen Häufigkeiten ergibt nur in einigen Werten deutliche Unterschiede. In der L2-G0-Gruppe gibt es mehr positive Reaktionen bezüglich der Kategorien "Gefallen" und "Nachdenken". Im Vergleich dazu wird die Verständlichkeit des Textes von L2-G1-Gruppe positiver bewertet als von der L2-G0-Gruppe. Auch wenn dieser Zusammenhang statistisch eher als zufällig beurteilt werden muß, soll er doch zu Unterstützung der bisherigen Ergebnisse erwähnt werden. Die Identifikationsbereitschaft ist erwartungsgemäß in allen Gruppen sehr gering. Sie ist in der L2-G0-Gruppe etwas größer als in der L2-G1-Gruppe.

Zusammenfassend kann man sagen, daß die emotionale Textrezeption von einer Vorstrukturierung relativ unbeeinflußt bleibt.

6.4   Ergebnisse aus dem Wohmann-Test

6.4.1   Frage 1

Tabelle 1(W): Anzahl der adäquat (+1), teilweise adäquat (0), nicht adäquat (-1) und nicht beantworteten Fragen je Textdimension und Gruppe

Textdimensionen	Gruppen		
	L2-W0	L2-W1	L1-W
Sujet + Figuren			
+1	13 (13,0%)	12 (24,0%)	23 (46,0%)
0	37 (37,0%)	16 (32,0%)	21 (42,0%)
-1	45 (45,0%)	12 (24,0%)	6 (12,0)
/	5 (5,0%)	10 (20,0%)	0
Summe	100 (100%)	50 (100%)	50 (100%)
Raum			
+1	4 (20,0%)	0	4 (40,0%)
0	10 (50,0%)	7 (70,0%)	6 (60,0%)
-1	6 (30,0%)	3 (30,0%)	0
/	0	0	0
Summe	20 (100%)	10 (100%)	10 (100%)
Rahmen			
+1	5 (25,0%)	4 (40,0%)	4 (40,0%)
0	10(50,0%)	5 (50,0%)	5 (50,0%)
-1	5 (25,0%)	1 (10,0%)	1 (10,0%)
/	0	0	0
Summe	20 (100%)	10 (100%)	10 (100%)

Textdimensionen	Gruppen		
	L2-W0	L2-W1	L1-W
Einstellung			
+1	1 (5,0%)	2 (20,0%)	0
0	10 (50,0%)	4 (40,0%)	8 (80,0%)
-1	8 (40,0%)	3 (30,0%)	2 (20,0%)
/	1 (5,0%)	1 (10,0%)	0
Summe	20 (100%)	10 (100%)	10 (100%)
Blickpunkt			
+1	7 (11,6%)	2 (6,7%)	4 (13,3%)
0	19 (31,7%)	7 (23,3%)	15 (50,0%)
-1	24 (40,0%)	15 (50,0%)	10 (33,3%)
/	10 (16,7%)	6 (20,0%)	1 (3.3%)
Summe	60 (100%)	30 (100%)	30 (100%)

Die Daten dieser Tabelle bilden die Grundlage für die zweite Tabelle, in der die Textdimensionen nach den Häufigkeiten der einzelnen Antwortkategorien in Rangfolgen gebracht wurden. Aus dieser Tabelle läßt sich entnehmen, zu welchen Fragekomplexen es die meisten bzw. die wenigsten adäquaten, teilweise adäquaten, nicht adäquaten und fehlenden Antworten gab. Ich gehe dabei wie in 6.3.1. von der Voraussetzung aus, daß von einer nicht adäquaten oder fehlenden Antwort auf nicht vorhandenes oder nicht eingesetztes Vorwissen geschlossen werden kann. Damit läßt sich aus der Anzahl der positiven und negativen Antworten zu den einzelnen Fragekomplexen ablesen, bei welcher Textdimension sich der Einfluß des Vorwissens am stärksten bemerkbar macht.

Tabelle 2(W): Rangfolgen der Textdimensionen in den einzelnen Antwortkategorien (Adäquatheitsdimension)

Antwortkategorien-	Gruppen		
	L2-W0	L2-W1	L1-W
+1	1. Rahmen 2. Raum 3. Sujet+ Figuren 4. Blickpunkt 5. Einstellung	1. Rahmen 2. Sujet + Figuren 3. Einstellung 4. Blickpunkt 5. Raum	1. Sujet + Figuren 2. Raum/ Rahmen 4. Blickpunkt 5. Einstellung
0	1. Raum/ Rahmen Einstellung 4. Sujet + Figuren 5. Blickpunkt	1. Raum 2. Rahmen 3. Einstellung 4. Sujet + Figuren 5. Blickpunk	1. Einstellung 2. Raum 3. Blickpunkt/ Rahmen 5. Sujet + Figuren
-1	1. Sujet + Figuren 2. Blickpunkt/ Einstellung 4. Raum 5. Rahmen	1. Blickpunkt 2. Raum/ Einstellung 4. Sujet + Figuren 5. Rahmen	1. Blickpunkt 2. Einstellung 3. Sujet + Figuren 4. Rahmen 5. Raum
/	1. Blickpunkt 2. Sujet + Figuren/ Einstellung 4. Raum/ Rahmen	1. Sujet + Figuren/ Blickpunkt 3. Einstellung 4. Raum/ Rahmen	1. Blickpunkt 2. Sujet + Figuren/ Raum/ Rahmen/ Einstellung
Zusammenfassung -1 und /	1. Blickpunkt (56,7%) 2. Sujet + Figuren (50,0%) 3. Einstellung (45,0%) 4. Raum (30,0%) 5. Rahmen (25,0%)	1. Blickpunkt (70,0%) 2. Sujet + Figuren (44,0%) 3. Einstellung (40,0%) 4. Raum (30,0%) 5. Rahmen (10,0%)	1. Blickpunkt (36,6%) 2. Einstellung (20,0%) 3. Sujet + Figuren (12.0%) 4. Rahmen (10,0%) 5. Raum (0%)

Nun sollen die Rangfolgen aus den zusammengefaßten nicht adäquaten und fehlenden Antworten miteinander verglichen werden. Da die Rangfolgen der beiden L2-Gruppen wieder identisch sind, können sie in einer Spalte dargestellt werden.

Tabelle 3(W): Vergleich der Rangfolgen ("-1" und "/")

Textdimension	Rangplatz in L2 x_i	Rangplatz in L1 y_i	Differenz der Rangplätze $d_i = x_i - y_i$	$d_i{}^2$
Sujet + Figuren	2	3	-1	1
Raum	4	5	-1	1
Rahmen	5	4	1	1
Einstellung	3	2	1	1
Blickpunkt	1	1	0	0
Summe	15	15	0	4

Nach Formel (4) wird der Grad der Übereinstimmung zwischen den beiden Rangfolgen berechnet (Rangkorrelationskoeffizient):

$$R = 1 - \frac{6 \sum d_i^2}{n(n^2 - 1)} = 1 - \frac{24}{120} = 0,8$$

Folgende Resultate ergibt ein Vergleich der Gruppen hinsichtlich der Fehlerhäufigkeiten und der Rangplätze der einzelnen Textdimensionen: Aus den Daten der Tabellen 2 und 3 ist ersichtlich, daß zu den Textdimensionen Blickpunkt und Sujet+Figuren die meisten negativen Antworten kamen. Dabei kann wieder festgestellt werden, daß die Wahrnehmung des Blickpunktes für alle drei Gruppen die schwierigste Dimension darstellt, obwohl ein Vergleich der prozentualen Häufigkeiten negativer Antworten eine geringere Fehlerquote in der L1-Gruppe zeigt. Das Problem lag dieses Mal nicht wie beim Grass-Test in einer Identifizierung von Autor- und Erzählerblickpunkt, sondern in den Schwierigkeiten begründet, die viele Versuchspersonen dabei hatten, aus formalen Details (z.B. Wiederholung von "schön", Ich-Form) verallgemeinernde Schlüsse zu ziehen, wie sie in den Fragen zum Blickpunkt verlangt wurden. Trotzdem wurden Distanz, Ironie und Kritik teilweise wahrgenommen, da sie in diesem Text auch deutlicher zum Ausdruck kommen.

Wieder wird deutlich, daß die Rezeption der Textdimension Sujet+Figuren stark vom kulturellen Vorwissen beeinflußt wird. Diese Textdimension steht in den L2-Gruppen bezüglich der Häufigkeit negativer Antworten an zweiter Stelle. Fast die Hälfte aller Fragen zu Sujet+Figuren wurden in beiden Gruppen negativ beantwortet. In der L1-Gruppe steht diese Dimension erst an dritter Stelle der negativen Antworten und weist mit 12,0% eine relativ geringe Fehlerquote auf. Auffallend in diesem Test ist die allgemein hohe Fehlerzahl in allen drei Gruppen vor allem in den Dimensionen Blickpunkt, Sujet+Figuren und Einstellung. Dabei sind die Unterschiede in den Fehlerhäufigkeiten zwischen den L2-Gruppen und der

L1-Gruppe in der Dimension Sujet+Figuren am größten: in den L2-Gruppen ist die Fehlerquote rund viermal höher als in der L1-Gruppen. Die Hypothese aus dem Abschnitt 3.3.2. kann wiederum bestätigt werden.

Die sich aus der Zusammenfassung der Häufigkeiten negativer Antworten ergebenden Rangfolgen (Tabelle 2) sind wieder für beide L2-Gruppen identisch. Trotz erkennbarer Unterschiede in den einzelnen Häufigkeiten zwischen den beiden Gruppen, die im Abschnitt 6.4.2. näher untersucht werden, stimmen sie in den Schwierigkeitsgraden der Textdimensionen überein. In beiden Gruppen ist die Zahl negativer Antworten am höchsten in der Dimension Blickpunkt und am niedrigsten in der Dimension Rahmen. Unabhängig von der Vorstrukturierung ist damit der Schwierigkeitsgrad der einzelnen Fragenkomplexe im Verhältnis zueinander gleich. Der Vergleich mit der L1-Gruppe offenbart eine gute Übereinstimmung (R=0,8). Keinen Unterschied in den Rangplätzen gibt es bei der Dimension Blickpunkt. Diese Textdimension hat für alle drei Gruppen den größten Schwierigkeitsgrad. In den anderen Dimensionen unterscheiden sich die Rangplätze jeweils um nur eine Stelle. Man kann daraus schließen, daß in diesem Test offenbar die gleichen Fragenkomplexe hinsichtlich ihrer Schwierigkeit für alle Gruppen den gleichen Stellenwert einnehmen, obwohl ein Vergleich der prozentualen Häufigkeiten deutliche Unterschiede zwischen den Gruppen hervorbringt. Die Werte der prozentualen Häufigkeiten negativer Antworten weisen in der Dimension Rahmen die geringste Differenz zwischen den L2-Gruppen und der L1-Gruppe auf. In der L2-W1-Gruppe und L1-W-Gruppe sind diese sogar gleich groß, d.h. die Versuchspersonen beider Gruppen verfügen hier über äquivalentes Wissen.

6.4.2 Frage 2

Zur Beantwortung der zweiten Frage wird untersucht, ob es statistisch signifikante Unterschiede in den Daten der Gruppe mit Vorstrukturierung und denen der Gruppe ohne Vorstrukturierung gibt. Die Werte für die Berechnungen wurden der Tabelle 1 entnommen. Zuerst wird geprüft, ob es Unterschiede in der Verteilung der Antwortkategorien gibt, d.h. ob sich die Häufigkeiten der einzelnen Kategorien signifikant unterscheiden oder ob sie zufällig sind.

Es wird nach Formel (1) gerechnet. Für alle Berechnungen mit den Werten der Tabellen 4/1 bis 4/5 gilt:

$H_0: \Pi_1 = \Pi_2; \quad H_1: \Pi_1 \neq \Pi_2$

$\alpha = 0,05$

$f = 3$

$X^2_{\alpha;f} = 7,81$

Tabelle 4/1(W): Sujet + Figuren

Antwort	L2-W0	L2-W1	Summe
+1	13 (16,7)	12 (8,3)	25
0	37 (35,3)	16 (17,7)	53
-1	45 (38,0)	12 (19,0)	57
/	5 (10,0)	10 (5,0)	15
Summe	100	50	150

$$X^2 = \frac{150^2}{100 \cdot 50} \cdot \left(69,8 - \frac{100^2}{150}\right) = 13,95$$

$$X^2 > X^2_{a;f}$$

Also gilt $H_{1:}\Pi_1 \neq \Pi_2$

Tabelle 4/2(W): Raum

Antwort	L2-W0	L2-W1	Summe
+1	4 (2,7)	0 (0)	4
0	10 (11,3)	7 (5,7)	17
-1	6 (6,0)	3 (3,0)	9
/	0 (0)	0 (0)	0
Summe	20	10	30

Geänderte Häufigkeiten nach der Kontinuitätskorrektur:

Antwort	L2-W0	L2-W1	Summe
+1	3,5 (2,7)	0,5 (0)	4
0	10,5 (11,3)	6,5 (5,7)	17
-1	6,0 (6,0)	3,0 (3,0)	9
/	0 (0)	0 (0)	0
Summe	20	10	30

$$X^2 = \frac{30^2}{20 \cdot 10} \cdot \left(13,6 - \frac{20^2}{30}\right) = 1,35$$

$$X^2 < X^2_{a;f}$$

Also gilt $H_0: \Pi_1 = \Pi_2$

Tabelle 4/3(W): Rahmen

Antwort	L2-W0	L2-W1	Summe
+1	5 (6,0)	4 (3,0)	9
0	10 (10,0)	5 (5,0)	15
-1	5 (4,0)	1 (2,0)	6
/	0 (0)	0 (0)	0
Summe	20	10	30

Geänderte Häufigkeiten nach der Kontinuitätskorrektur:

Antwort	L2-W0	L2-W1	Summe
+1	5,5 (6,0)	3,5 (3,0)	9
0	10,0 (10,0)	5,0 (5,0)	15
-1	4,5 (4,0)	1,5 (2,0)	6
/	0 (0)	0 (0)	0
Summe	20	10	30

$$X^2 = \frac{30^2}{20 \cdot 10} \cdot \left(13,5 - \frac{20^2}{30}\right) = 0,9$$

$$X^2 < X^2_{a;f}$$

Also gilt H_0: $\Pi_1 = \Pi_2$

Tabelle 4/4(W): Einstellung

Antwort	L2-W0	L2-W1	Summe
+1	1 (2,0)	2 (1,0)	3
0	10 (9,3)	4 (4,7)	14
-1	8 (7,3)	3 (3,7)	11
/	1 (1,3)	1 (0,6)	2
Summe	20	10	30

Geänderte Häufigkeiten nach der Kontinuitätskorrektur:

Antwort	L2-W0	L2-W1	Summe
+1	1,5 (2,0)	1,5 (1,0)	3
0	9,5 (9,3)	4,5 (4,7)	14
-1	7,5 (7,3)	3,5 (3,7)	11
/	1,5 (1,3)	0,5 (0,6)	2
Summe	20	10	30

$$X^2 = \frac{30^2}{20 \cdot 10} \cdot \left(13,35 - \frac{20^2}{30}\right) = 0,22$$

$$X^2 < X^2_{a;f}$$

Also gilt H_0: $\Pi_1 = \Pi_2$

Tabelle 4/5(W): Blickpunkt

Antwort	L2-W0	L2-W1	Summe
+1	7 (6,0)	2 (3,0)	9
0	19 (17,3)	7 (8,7)	26
-1	24 (26,0)	15 (13,0)	39
/	10 (10,7)	6 (5,3)	16
Summe	60	30	90

$$X^2 = \frac{90^2}{60 \cdot 30} \cdot \left(40,3 - \frac{60^2}{90}\right) = 1,35$$

$$X^2 < X^2_{a;f}$$

Also gilt H_0: $\Pi_1 = \Pi_2$

Nur in der Textdimension Sujet+Figuren ist der berechnete X^2-Wert größer als der kritische Wert 7,81. Damit kann in diesem Fall die Nullhypothese zurückgewiesen werden und die Hypothese der unterschiedlichen Verteilungen angenommen werden. Die beiden Gruppen unterscheiden sich in dieser Dimension am stärksten in der Häufigkeit nicht adäquater Antworten, deren Anteil in der L2-W0-Gruppe fast die Hälfte und in der L2-W1-Gruppe fast ein Viertel aller Antworten beträgt. Hier ist also eine statistisch signifikante Verbesserung der Rezeptionsleistungen in der Gruppe mit Vorstrukturierung feststellbar. In allen anderen vier Textdimensionen ist das berechnete X^2 kleiner als der kritische Wert. Daher wird H_0 angenommen und die Hypothese der unterschiedlichen Verteilungen zurückgewiesen.

Es soll nun noch geprüft werden, ob es einen allgemeinen Zusammenhang zwischen der Vorstrukturierung und den positiven/ negativen Antworten auf die Fragen zum Text gibt. Für diesen Zweck wurden die Häufigkeiten der Kategorien "+1" und "0" sowie die Werte von "-1" und "/" zusammengefaßt. Gerechnet wird nach der Formel (3) des G-Tests. Als Prüfgröße gilt:

$X^2_{0,05;1} = 3{,}84$.

Tabelle 5/1(W): Sujet + Figuren

Antwort	L2-W0	L2-W1	Summe
+1 u. 0	50 (52,0)	28 (26,0)	78
-1 u. /	50 (48,0)	22 (24,0)	72
Summe	100	50	150

Die g-Werte lauten

	für die vier Tafelfelder	für die vier Randfelder
	391,20	679,64
	186,60	615,83
	391,20	921.03
	136,00	391,20
	$S_1 = 1105{,}00$	$S_3 = 2607{,}70$
für n=150	$S_2 = 1503{,}19$	
	$S_1 + S_2 = 2608{,}19$	

$$G = S_1 + S_2 - S_3 = 0{,}49 < 3{,}84.$$

Tabelle 5/2(W): Raum

Antwort	L2-W0	L2-W1	Summe
+1 u. 0	14 (14,0)	7 (7,0)	21
-1 u. /	6 (6,0)	3 (3,0)	9
Summe	20	10	30

Die g-Werte lauten

	für die vier Tafelfelder	für die vier Randfelder
	73,89	127,86
	27,24	39,55
	21,50	119,82
	6,59	46,05
	$S_1=129,22$	$S_3=333,28$
für n=30	$S_2=204,07$	
	$S_1+S_2=333,29$	

$$G = S_1 + S_2 - S_3 = 0,01 < 3,84.$$

Tabelle 5/3(W): Rahmen

Antwort	L2-W0	L2-W1	Summe
+1 u. 0	15 (16,0)	9 (8,0)	24
-1 u. /	5 (4,0)	1 (2,0)	6
Summe	20	10	30

Geänderte Tafel mit Kontinuitätskorrektur:

Antwort	L2-W0	L2-W1	Summe
+1 u. 0	15,5 (16,0)	8,5 (8,0)	24
-1 u. /	4,5 (4,0)	1,5 (2,0)	6
Summe	20	10	30

Die g-Werte lauten

	für die vier Tafelfelder	für die vier Randfelder
	84,96	152,54
	36,38	21,50
	13,53	119,82
	1,21	46,05
	$S_1=136,08$	$S_3=339,91$
für n=30	$S_2=204,07$	
	$S_1+S_2=340,15$	

$$G = S_1 + S_2 - S_3 = 0,24 < 3,84.$$

Tabelle 5/4(W): Einstellung

Antwort	L2-W0	L2-W1	Summe
+1 u. 0	11 (11,3)	6 (5,7)	17
-1 u. /	9 (8,7)	4 (4,3)	13
Summe	20	10	30

Geänderte Tafel mit Kontinuitätskorrektur:

Antwort	L2-W0	L2-W1	Summe
+1 u. 0	11,5 (11,3)	5,5 (5,7)	17
-1 u. /	8,5 (4,0)	4,5 (4,3)	13
Summe	20	10	30

Die g-Werte lauten

	für die vier Tafelfelder	für die vier Randfelder
	56,17	96,32
	18,75	66,68
	36,38	119,82
	13,53	46,05
	$S_1=124,83$	$S_3=328,87$
für n=30	$S_2=204,07$	
	$S_1+S_2=328,90$	

$$G = S_1 + S_2 - S_3 = 0,03 < 3,84.$$

Tabelle 5/5(W): Blickpunkt

Antwort	L2-W0	L2-W1	Summe
+1 u. 0	26 (23,3)	9 (11,7)	35
-1 u. /	34 (36,7)	21 (18,3)	55
Summe	60	30	90

Die g-Werte lauten

	für die vier Tafelfelder	für die vier Randfelder
	169,42	248,87
	39,55	440,80
	239,79	491,32
	127,86	204,07
	$S_1=576,62$	$S_3=1385,06$
für n=150	$S_2=809,96$	
	$S_1+S_2=1386,58$	

$$G = S_1 + S_2 - S_3 = 1,52 < 3,84.$$

Die X^2-Methode erbrachte nur in der Dimension Sujet+Figuren statistisch signifikante Unterschiede in den Verteilungen der beiden Gruppen. Hier konnte nachgewiesen werden, daß sich die Vorstrukturierung positiv auf die Rezeptionsleistu ngen ausgewirkt hat, indem die Zahl der nicht adäquaten Antworten im Verhältnis zu den anderen Antwortkategorien abgenommen hat. Dieses Ergebnis unterstützt zum einen die Hypothese über die positive Wirkung von Vorstrukturierungen und zum anderen die Hypothese, daß sich der Einfluß des Vorwissens hauptsächlich in der Rezeption der Textdimension Sujet+Figuren bemerkbar macht. Ein Vergleich der prozentualen Häufigkeiten (Tabelle 1) zeigt, daß es auch in den anderen Dimensionen Unterschiede zwischen den beiden Gruppen gibt. Die Gruppe mit Vorstrukturierung hat in den Dimensionen Rahmen und Einstellung etwas bessere Werte. In der Dimension Raum sind die Häufigkeiten positiver und negativer Antworten gleich. Die L2-W0-Gruppe erreicht in der Dimension Blickpunkt prozentual bessere Resultate als die L2-W1-Gruppe. Insgesamt sind die Unterschiede jedoch wieder zu gering und daher statistisch nicht belegbar. Auch für diesen Test läßt sich dieselbe Forderung wie für den Grass-Test nach weiteren Untersuchungen mit größeren Stichprobenumfängen aufstellen, damit aus den Tests wissenschaftlich gültige Verallgemeinerungen gezogen werden können.

Der G-Test konnte in dieser Untersuchung keine statistisch signifikanten Zusammenhänge zwischen Vorstrukturierung und positiven/ negativen Antworten

erbringen. Die Unterschiede in den oben genannten Dimensionen sind zu klein, als
daß sie bei dem durchgeführten Prüfverfahren ins Gewicht fallen würden.

6.4.3 Frage 3

Hier wird danach gefragt, welche der inhaltsanalytischen Antwortkategorien in den
drei Gruppen am häufigsten vorkommen und welche Unterschiede es dabei
zwischen den Gruppen gibt.

Tabelle 6/1(W): Häufigkeiten und Rangfolgen der Antwortkategorien in den L2-
Gruppen

Kategorie	L2-W0		L2-W1		Differenz der Rangplätze	
	Häufigkeit	Rangplatz x_i	Häufigkeit	Rangplatz y_i	$d_i = x_i - y_i$	$d_i{}^2$
1a	8 (4,6%)	7	6 (8,2%)	5	2	4
1b	15 (8,6%)	5	3 (4,1%)	6,5	-1,5	2,25
1c	29 (16,7%)	3	19 (26,0%)	2	1	1
2a	0 (0)	9	0 (0)	8,5	0,5	0,25
2b	9 (5,2%)9	6	3 (4,1%)	6,5	-0,5	0,25
3a	3 (1,7%)	8	0 (0)	8,5	-0,5	0,25
3b	24 (13,8%)	4	8 (10,9%)	4	0	0
3c	48 (27,6%)	1	21 (28,8%)	1	0	0
3d	38 (21,8%)	2	13 (17,8%)	3	1	1
Summe	174 (100%)	45	73 (100%)	45	0	9

Nach Formel (4) wird der Rangkorrelationskoeffizient berechnet, um festzustellen,

$$R = 1 - \frac{6 \cdot 9}{9(81-1)} = 1 - \frac{54}{720} = 0,92$$

Die Rangfolgen in L2-W0 und L2-W1 stimmen sehr gut miteinander überein.
Lediglich in einem Fall (1a) ist eine Abweichung um zwei Stellen feststellbar.

Tabelle 6/2(W): Vergleich der Rangfolgen in den L2-Gruppen mit der Rangfolge in der L1-Gruppe

Kate-gorie	L1-W Häufigkeit	Rang-platz z_i	L2-G0 Rang-platz x_i	L2-G1 Rang-platz y_i	$z_i - x_i$	d_{1i}^2 $(z_i - x_i)^2$	$z_i - y_i$	d_{2i}^2 $(z_i - y_i)^2$
1a	5 (6,7%)	4	7	5	-3	9	-1	1
1b	4 (5,4%)	5	5	6,5	0	0	-1,5	2,25
1c	8 (10,8%)	3	3	2	0	0	1	1
2a	0	9	9	8,5	0	0	0,5	0,25
2b	3 (4,0)	6,5	6	6,5	0,5	0,25	0	0
3a	3 (4,0%)	6,5	8	8,5	-1,5	2,25	-2	4
3b	2 (2,7%)	8	4	4	4	16	4	16
3c	28 (37,8%)	1	1	1	0	0	0	0
3d	21 (28,4%)	2	2	3	0	0	-1	1
Summe	74 (100%)	45	45	45	0	27,5	0	25,5

$$R_{z \cdot x} = 1 - \frac{6 \cdot 27,5}{9(81-1)} = 0,77$$

$$R_{z \cdot y} = 1 - \frac{6 \cdot 25,5}{9(81-1)} = 0,79$$

Die Rangkorrelationskoeffizienten belegen eine relativ gute Übereinstimmung zwischen den beiden L2-Gruppen und der L1-Gruppe. Unterschiede gibt es zwischen der L2-W0-Gruppe und der L1-Gruppe in den Kategorien 1a und 3b, zwischen der L2-W1-Gruppe und der L1-Gruppe in den Kategorien 3a und 3b. Die drei Rangfolgen werden zum besseren Vergleich untereinander in der folgenden Tabelle dargestellt.

Tabelle 6/3(W): Darstellung der Rangfolgen in der Übersicht

1) Leserbezogene Antworten
   a) Hypothesen
   b) Metastatements
   c) Elaborationen ohne Text- u./o. Fragenbezug
2) Textbezogene Antworten
   a) Einfache Textreproduktion
   b) Textrekonstruktion
3) Synthetische Antworten
   a) Fehlinterpretation
   b) Elaborationen mit konkretem Textbezug
   c) Erweiterte Textreproduktion
   d) Elaborationen mit allgemeinem Textbezug

Rangplätze	L2-W0	L2-W1	L1-W
1	3c	3c	3c
2	3d	1c	3d
3	1c	3d	1c
4	3b	3b	1a
5	1b	1a	1b
6	2b	1b/ 2b	2b/ 3a
7	1a		
8	3a	2a /3a	3b
9	2a		2a

Auch in diesem Test sind über die Hälfte der untersuchten Antworten synthetische Antworten. Die Antwortkategorie 3c steht in allen drei Gruppen an erster Stelle der Häufigkeiten. Der Anteil leserbezogener Antworten beträgt rund ein Drittel; der Anteil textbezogener Antworten ist in allen Gruppen gleichermaßen sehr gering. Es fällt auf, daß in diesem Test die Kategorie 2a in keiner Gruppe vorkommt. Einen relativ hohen Stellenwert nach der Kategorie 3c haben in allen Gruppen Elaborationen mit allgemeinem Textbezug (3d), Elaborationen ohne Text-/ Fragen bezug (1c) sowie in den beiden L2-Gruppen Fehlinterpretationen (3b). An den vergleichbaren Anteilen der einzelnen Antwortkategorien läßt sich wieder ablesen, daß die Gruppen unabhängig voneinander ähnliche Lesestrategien anwenden. Es wird deutlich, daß die meisten Versuchspersonen versuchten, Schlußfolgerungen aus einer Verbindung von eigenem Vorwissen und Text zu ziehen. Die Mehrzahl der teilweise adäquaten und nicht adäquaten Antworten kann auch hier wieder auf fehlendes bzw. nicht passendes Vorwissen zurückgeführt werden.

6.4.4 Frage 4

Auch in diesem Test wirkte sich die geringe Vertrautheit der Versuchspersonen mit der Assoziationsmethode negativ auf die Daten aus, so daß die Zahl der Störungen relativ hoch ist. Die Ergebnisse der quantitativen Auswertung sind in der Tabelle 7 zusammengefaßt.

136

Tabelle 7(W): quantitative Auswertung der Assoziationen

	L2-W0	L2-W1
Assoziationsantworten (AW)	81,7%	58,3%
Wortbedeutung	15,8%	41,7%
keine Antwort	2,5%	0
durchschnittliche Anzahl d. AW je Vp (von 8 Reizwörtern)	4,9	3,7
durchschnittliche Anzahl d. Nennungen je Reizwort	3,9	3,6

Aus der Tabelle wird ersichtlich, daß die Anzahl der Störungen (Ausbleiben von Assoziationen oder Wortbedeutungerklärungen) in der L2-W1-Gruppe erheblich größer ist als in der L2-W0-Gruppe. Da jedoch die Zahl der fehlenden Antworten sehr niedrig ist, kann man daraus schließen, daß die Störungen hauptsächlich auf die Unkenntnis der Testmethode zurückgeführt werden können. Die vorgegebenen Reizwörter waren allen Versuchspersonen bekannt, da es sich auch nicht um seltene Wörter handelte. Im Durchschnitt wurden in der L2-W0-Gruppe nur zu einem Reizwort keine Assoziationsantworten, sondern Wortbedeutungen gegeben; in der L2-W1-Gruppe waren es zwei Reizwörter. Der Umfang der Assoziationsantworten ist mit drei bis vier Nennungen im Durchschnitt wiederum sehr gering. Hier läßt sich damit relativ eindeutig feststellen, daß die Unkenntnis der Testmethode die Ergebnisse negativ beeinflußt hat. Eine Trainingsphase sollte daher in jedem Fall eingeplant werden.

In der qualitativen Auswertung wurden wie schon beim Grass-Test die assoziierten Inhalte nach allgemeinen und individuellen Assoziationen untersucht. Bei den Reizwörtern "Notlüge" und "Individualismus" war der Anteil von Wortbedeutungselementen unter den Assoziationen im Vergleich zu den anderen Reizwörtern am höchsten. Hierbei handelt es sich offenbar um die Wörter mit dem größten Fremdheitsgrad, so daß sich viele Versuchspersonen zunächst einmal über deren Bedeutung klar werden mußten. Die meisten individuellen Assoziationen kamen zu "Ungebetener Besuch", "Verwandte" und "Notlüge". Insgesamt ist deren Zahl jedoch relativ gering. Deutlichere Schlüsse lassen sich in diesem Test eher aus den allgemeinen Assoziationen ziehen. Es zeigt sich in der Auswertung der Assoziationen zu "Schöner Tag", "Verwandte", "Kontakte zu Freunden" und "Ungebetener Besuch", daß die meisten Versuchspersonen über ein festgeprägtes und ähnliches soziales Vorwissen verfügen. Unterschiede gibt es vor allem in den Einstellungen, z.B. zu "Ungebetenem Besuch", der für die einen mit Störung und für die anderen mit einer freudigen Überraschung verbunden wird, zu „Individualismus", der entweder mit Egoismus und sozialer Kontaktarmut oder mit Originalität und Persönlichkeit verbunden wird. Die unterschiedlichen Einstellungen lassen sich auch an der Identifikationsbereitschaft ablesen, die im Vergleich zum Grass-Test differenzierter und relativ hoch ist. Von den meisten Versuchspersonen wird die Bedeutung sozialer Kontakte im Freundes- und/ oder Familienkreis stark hervorgehoben. Diese Tendenz tritt auch größtenteils in den Antworten zum Rezeptionstest klar hervor: Die Versuchspersonen betonen, daß der im Text geschilderte „schöne Tag" nicht mit ihren Auffassungen von einem schönen Tag übereinstimmt. Die Antworten sind insgesamt sehr subjektiv und teilweise stark emotionsgeladen, was an einem markanten Beispiel verdeutlicht werden soll:

„Das ein Ehepaar zwei verschiedene Betten hat (jeder verlangt seine Ruhe und Privatsphäre, letztendlich!) - Individualismus hoch 10.000! Wo bleibt das SCHÖNSTE von einer Ehe? - Teilen! dafür ist man zusammen, oder? Soll ich noch mehr beschreiben?, oder reicht meine Empörung?" (Antwort auf die Frage 5 aus der L2-W0-Gruppe. Die Antwort wird hier unverändert wiedergegeben.)

Wie beim Grass-Test konnte auch hier gezeigt werden, daß der Assoziationstest zur Bestimmung textbezogenen Vorwissens geeignet ist- jedoch wieder unter dem Vorbehalt, daß die Lerner zunächst in einer Trainingsphase mit der Methode vertraut gemacht werden müßten. Diese Bedingung wurde daraus abgeleitet, daß die Störungen nicht auf unbekannte Reizwörter zurückgeführt werden konnten.

6.4.5 Frage 5

Es soll nun geprüft werden, ob es einen statistisch signifikanten Zusammenhang zwischen Vorstrukturierung und Texteindruck gibt. Zunächst werden dafür die Häufigkeiten der Werturteile in den einzelnen Kategorien zum Texteindruck erfaßt.

Tabelle 8(W): Häufigkeiten der Werturteile

Texteindruck		L2-W0 Σ20	L2-W1 Σ10
1) Gefallen			
positiv	+1	8 (40%)	6 (60%)
gleichgültig	0	7 (35%)	3 (30%)
negativ	-1	5 (25%)	1 (10%)
2) Nachdenken			
positiv	+1	3 (15%)	1 (10%)
gleichgültig	0	12 (60%)	6 (60%)
negativ	-1	5 (25%)	3 (30%)
3) Verständlichkeit			
positiv	+1	8 (40%)	2 (20%)
gleichgültig	0	10 (50%)	6 (60%)
negativ	-1	2 (10%)	2 (20%)
4) Identifikation			
ja	+1	6 (30%)	5 (50%)
vielleicht	0	3 (15%)	0 (0%)
nein	-1	10 (50%)	3 (30%)
		[1x keine Antwort]	

Zur Feststellung eines Zusammenhangs zwischen den beiden Variablen Vorstrukturierung und Texteindruck wird wieder nach Formel (1) gerechnet. Für alle Berechnungen mit den Daten aus den Tabellen 9/1 bis 9/2 gilt:

$H_0: \Pi_1 = \Pi_2; \quad H_1: \Pi_1 \neq \Pi_2$
$\alpha = 0,05$
$f = 2$
$X^2_{\alpha;f} = 5,99$

Tabelle 9/1(W): Gefallen

Antwort	L2-W0	L2-W1	Σ
+1	8 (9,3)	6 (4,7)	14
0	7 (6,7)	3 (3,3)	10
-1	5 (4,0)	1 (2,0)	6
Summe	20	10	30

korrigierte Tafel:

Antwort	L2-W0	L2-W1	Σ
+1	8,5	5,5	14
0	6,5	3,5	10
-1	4,5	1,5	6
Summe	19,5	10,5	30

$$X^2 = \frac{30^2}{19,5 \cdot 10,5} \cdot \left(13,2 - \frac{19,5^2}{30}\right) = 2,2$$

$$X^2 < X^2_{\alpha;f}$$

Also gilt $H_0 : \Pi_1 = \Pi_2$.

Tabelle 9/2(W): Nachdenken

Antwort	L2-W0	L2-W1	Σ
+1	3 (2,7)	1 (1,3)	4
0	12 (12,0)	6 (6,0)	18
-1	5 (5,3)	3 (2,7)	8
Summe	20	10	30

korrigierte Tafel:

Antwort	L2-W0	L2-W1	Σ
+1	2,5	1,5	4
0	12,0	6,0	18
-1	5,5	2,5	8
Summe	20	10	30

$$X^2 = \frac{30^2}{20 \cdot 10} \cdot \left(13,4 - \frac{20^2}{30}\right) = 0,45$$

$$X^2 < X^2_{\alpha;f}$$

Also gilt $H_0 : \Pi_1 = \Pi_2$.

Tabelle 9/3(W): Verständlichkeit

Antwort	L2-W0	L2-W1	Σ
+1	8 (6,7)	2 (3,3)	10
0	10 (10,7)	6 (5,3)	16
-1	2 (2,7)	2 (1,3)	4
Summe	20	10	30

korrigierte Tafel:

Antwort	L2-W0	L2-W1	Σ
+1	7,5	2,5	10
0	10,5	5,5	16
-1	2,5	1,5	4
Summe	20,5	9,5	30

$$X^2 = \frac{30^2}{20,5 \cdot 9,5} \cdot \left(14,1 - \frac{20,5^2}{30}\right) = 0,46$$

$$X^2 < X^2_{\alpha;f}$$

Also gilt $H_0 : \Pi_1 = \Pi_2$.

Tabelle 9/4(W): Identifikation

Antwort	L2-W0	L2-W1	Σ
+1	6 (7,7)	5 (3,2)	11
0	3 (2,1)	0 (0,8)	3
-1	10 (9,1)	3 (3,8)	13
Summe	19	8	27

korrigierte Tafel:

Antwort	L2-W0	L2-W1	Σ
+1	6,5	4,5	11
0	2,5	0,5	3
-1	9,5	3,5	13
Summe	18,5	8,5	27

$$X^2 = \frac{27^2}{28,5 \cdot 8,5} \cdot \left(12,7 - \frac{18,5^2}{27} \right) = 0,46$$

$$X^2 < X^2_{\alpha;f}$$

Also gilt $H_0 : \Pi_1 = \Pi_2$.

Auch in diesem Test konnte nach der X^2-Methode kein statistisch signifikanter Zusammenhang zwischen Vorstrukturierung und Texteindruck festgestellt werden. Jedoch sind die Ergebnisse wie schon in 6.3.5. nur bedingt zuverlässig, da mehr als ein Fünftel der erwarteten Häufigkeiten größer als 5 ist und damit die Voraussetzung für den X^2-Test nicht erfüllt ist. Die Ursache liegt wieder im zu kleinen Stichprobenumfang.

Aus dem Vergleich der prozentualen Häufigkeiten ergeben sich nur zwischen einigen Werten deutliche Differenzen. In der L2-W0-Gruppe gibt es mehr positive Reaktionen bei der Beurteilung der Verständlichkeit. Die L2-W1-Gruppe gab zu den Kategorien „Gefallen" und „Identifikation" mehr positive Wertungen ab. Die Kategorie „Nachdenken" wird von beiden Gruppen fast gleich beurteilt. Die Ergebnisse können also nicht zur Unterstützung der bisherigen Ergebnisse dienen, da die Verständlichkeit von der Gruppe mit Vorstrukturierung negativer bewertet wurde als von der Gruppe ohne Vorstrukturierung.

Zusammenfassend muß wieder festgestellt werden, daß die emotionale Textrezeption von einer Vorstrukturierung unbeeinflußt bleibt.

7 Zusammenfassung der Testergebnisse

7.1 Gemeinsamkeiten und Unterschiede in den Ergebnissen

Die Einzelergebnisse aus dem Grass-Test und dem Wohmann-Test sollen nun miteinander verglichen und zusammenfassend dargestellt werden.

In Auswertung der Daten zur Frage 1 stellte sich in beiden Tests heraus, daß der Einfluß des Vorwissens am deutlichsten in der Rezeption der Dimensionen Sujet+Figuren und Blickpunkt sichtbar ist. Die aufgestellte Hypothese konnte also in beiden Tests bestätigt und ergänzt werden. Untersucht wurden dafür die Rangplätze der Textdimensionen in den nach den Häufigkeiten negativer Antworten aufgestellten Rangfolgen, die jeweilige Fehlerquote und die Größe der Differenz zwischen den Fehlerquoten in den einzelnen Textdimensionen der L2-Gruppen und L1-Gruppen. In beiden Tests war der Blickpunkt für alle Gruppen die Dimension mit der höchsten Fehlerquote und folglich auch mit dem größten Schwierigkeitsgrad. An zweiter Stelle stand in den L2-Gruppen die Dimension Sujet+Figuren. Da die vier Rangfolgen der Textdimensionen für die L2-Gruppen identisch sind, läßt sich daraus schließen, daß sich Wissenslücken und Mißverständnisse in der Textrezeption unabhängig vom Text und vom Leser gleichermaßen hauptsächlich zuerst auf die Wahrnehmung des Blickpunktes, dann auf Sujet+Figuren, gefolgt von Raum, Einstellung und Rahmen auswirken. Der Wohmann-Text war insgesamt offenbar der schwierigere von beiden Texten: Die Fehlerquoten sind in allen drei Gruppen höher als im Grass-Test.

Die Beantwortung der zweiten Frage erbrachte für beide Tests teilweise unterschiedliche Resultate. So konnten mit der X^2-Methode für den Grass-Test keine statistisch signifikanten Unterschiede in den Verteilungen der einzelnen Antwortkategorien festgestellt werden. Der G-Test hingegen zeigt geringe Zusammenhänge zwischen Vorstrukturierung und den Antworten in den Dimensionen Sujet+Figuren und Blickpunkt. Für den Wohmann-Test konnten mit der X^2-Methode Unterschiede in den Verteilungen bei der Dimension Sujet+Figuren festgestellt werden: Die Zahl der nicht adäquaten Antworten ist anteilmäßig in der L2-W0-Gruppe größer als in der L2-W1-Gruppe. Mit dem G-Test jedoch konnten keine Zusammenhänge zwischen den beiden Variablen Vorstrukturierung und Antwortmodus (Adäquatheitsdimension) ermittelt werden. Die Zusammenfassung der Ergebnisse aus beiden Tests bestätigt in jedem Fall die Hypothesen 1 und 2: Der Einfluß des Vorwissen macht sich in der Wahrnehmung von Sujet+Figuren bemerkbar, und eine kulturelle Vorstrukturierung wirkt sich positiv auf die Textrezeption aus, vor allem auf die Dimension Sujet+Figuren. Die

Wahrnehmung des Blickpunktes aber wird nicht in jedem Fall von einer Vorstrukturierung gefördert. Ein Vergleich der prozentualen Häufigkeiten macht deutlich, daß die Gruppen mit Vorstrukturierung in beiden Tests bessere Werte in den Dimensionen Sujet+Figuren, Rahmen und Einstellung erzielen konnten.

Die Untersuchung der teilweise adäquaten und nicht adäquaten Antworten ergab ähnliche Lesestrategien in den L1-Gruppen und L2-Gruppen. In allen Gruppen beider Tests versuchte die Mehrzahl der Versuchspersonen, die Antworten aus einer Synthese von eigenem Vorwissen und Text zu bilden. Einen relativ hohen Stellenwert haben aber auch leserbezogene Antworten, hier vor allem Elaborationen ohne Bezug zum Text bzw. zur Frage und Metastatements. Der fremdsprachige wie auch der muttersprachliche Leser bemüht sich in der Regel, sein Vorwissen einzusetzen. Damit sind die meisten unzureichenden oder falschen Schlußfolgerungen auf fehlendes bzw. nicht passendes Vorwissen zurückzuführen. Folglich können aus der Anzahl adäquater, teilweise und nicht adäquater Antworten Schlüsse in bezug auf das Vorwissen des Lesers gezogen werden. Die zur Beantwortung der Frage 1 gewählte Methode wird hiermit empirisch gerechtfertigt.

Im Assoziationstest sind die Resultate aus dem Wohmann-Test etwas besser als diejenigen aus dem Grass-Test: Die durchschnittliche Anzahl der Assoziationsantworten ist höher und auch der Umfang der Assoziationen ist mit durchschnittlich vier Nennungen beim Wohmann-Test im Vergleich zu drei Nennungen beim Grass-Test größer. Das hängt offenbar damit zusammen, daß die Reizwörter im Wohmann-Test den Versuchspersonen vertrauter sind als die im Grass-Test. Dieser Umstand muß gerade in Assoziationstests mit fremdsprachigen Versuchspersonen berücksichtigt werden, da nicht bekannte Reizwörter zu unverhältnismäßig hohen Störungen führen und die Ergebnisse damit verzerren können. Die Assoziationsmethode ist daher nur unter bestimmten Bedingungen mit Erfolg einsetzbar. Eine weitere wesentliche Voraussetzung besteht darin, die Versuchspersonen bzw. die Lerner vorher in einer Trainingsphase mit der Methode vertraut zu machen. Der Wohmann-Test zeigt besonders klar, daß Störungen (Ausbleiben von Assoziationen) in der Regel auf der Unkenntnis der Methode beruhen.

Ein Zusammenhang zwischen der emotionalen Textrezeption und der Vorstrukturierung konnte nicht festgestellt werden (Frage 5). Der subjektive Texteindruck bleibt also von einer der Textlektüre vorausgehenden Wissensvermittlung unbeeinflußt.

7.2 Schlußfolgerungen für die Unterrichtspraxis und für die weitere Forschung

Da sich das Vorwissen vor allem auf die Rezeption der Textdimensionen Sujet+Figuren und Blickpunkt auswirkt (Vgl. Frage 1 und 2), muß der Akzent in der fremdsprachigen Literaturvermittlung auch hauptsächlich auf diesen Dimensionen liegen. Für die Vermittlung von sujetbezogenem Wissen ist die in dieser Untersuchung angewendete Methode der Vorstrukturierung nachweislich gut geeignet und kann daher für die Unterrichtspraxis empfohlen werden. Bezüglich der Blickpunkt-Dimension führte die Vorstrukturierung nur im Grass-Test zu besseren Ergebnissen. Um die Lerner in der Wahrnehmung des Blickpunktes zu schulen, müßte die Vorstrukturierung also noch dahingehend verändert werden, daß sie neben sujetbezogenem Wissen auch formales Wissen zu den strukturellen Besonderheiten literarischer Texte vermittelt. Die Schwierigkeiten der meisten Versuchspersonen mit dem Blickpunkt lagen darin begründet, daß sie nicht in der Lage waren, den literarischen Text als eigene Text-Welt zu sehen, sondern ihn immer an ihren eigenen Erfahrungen und an der Wirklichkeit gemessen haben, was an der Vielzahl subjektiver und stark emotionsgeladener Antworten ganz deutlich zum Ausdruck kommt.

Textbezogenes Vorwissen läßt sich mit Hilfe eines Assoziationstests zu Schlüsselwörtern des Textes relativ schnell und einfach erfassen. Für einen effektiven Einsatz dieser Testmethode müssen die Lerner jedoch vorher in einer Trainingsphase mit der Methode bekannt gemacht werden. Eine Verbindung zu vertrauten Übungsformen aus dem Anfängerunterricht (z.B. "Igelübung") könnte hierbei hilfreich sein.

Für die Forschung verbindet sich damit erstens die Forderung nach Ausbau und Entwicklung spezieller Vorstrukturierungen für den fremdsprachigen Literaturunterricht und zweitens die Notwendigkeit weiterer empirischer Untersuchungen mit größeren Versuchsgruppen, um zu wissenschaftlich gültigen Verallgemeinerungen zu gelangen.

8   Anhang

8.1   Beispiel für die Analyse der Rohdaten aus dem Grass-Test

Lesertest - Fragebogen

Alter: *28* Jahre
Geschlecht: *.x.*männlich / ... weiblich
Nationalität: *Laote*   Muttersprache:*Laotisch*
Studienrichtung: *Germanistik/*
                          Literaturwissenschaft
Semester: *7.*

Was bedeuten die folgenden Wörter für Sie?
Woran denken Sie, wenn Sie diese Wörter lesen?
Notieren Sie Ihre Gedanken in Stichpunkten hinter dem betreffenden Wort!
Schreiben Sie alles auf, was Ihnen dazu einfällt!

1. LINKSHÄNDER
Besondere Leute, mit linken Händen gut arbeiten, Minderheit
2. RECHTSHÄNDER
Normale Leute, Mehrheit, mit rechten Händen gut arbeiten
3. VEREINE / VEREINSLEBEN
zusammengeschlossen, zusammenleben, zwischen zwei Deutschen Staaten
4. SEKTIERERTUM
keine Antwort
5. ANPASSUNG
Gesellschaft, Verkehrwesen
6. DIE LINKEN
eine Organisation von Menschen, Rotes Symbol, meisten junge Leute u. gegen
Rechtradikal
7. DIE LINKEN BRÜDER
Die Leute von der linken Organisation, aus verschiedenen Land, Ort, Gebiet,
haben gleiche Ideen (Sozialismus)
8. DUELL
Kampf, Box, Sieger, tod

1) Wie gefällt Ihnen der Text? (Zutreffendes ankreuzen!)
- sehr gut
* gut
- mittelmäßig
- wenig
- überhaupt nicht

Begründen Sie bitte Ihre Antwort!

Das ist eine kurze Erzählung. Es ist nicht langweilig beim Lesen. Die Handlung ist auch spannend.

2) Regt Sie der Text zum Nachdenken an?
- sehr stark
- stark
* mittelmäßig
- wenig
- überhaupt nicht

Erklären Sie kurz!

Der Text regt mich mittelmäßig zum Nachdenken an, weil es keinen Krimiroman ist. Beim Lesen versteht man die Handlung schon, wie es weiter lautet.

3) Wie verständlich ist der Text für Sie?
- sehr leicht
- leicht
* teilweise
- schwer
- sehr schwer

Woran liegt das?

Der Text ist nicht zu schwer zu verstehen. Er ist kurz. Der Autor benutzt nur normale Sprache.

4) Können Sie sich mit der Hauptfigur identifizieren? Begründen Sie bitte Ihre Antwort; auch wenn Sie mit "nein" geantwortet haben!

Die Hauptfigur ist ein normaler Bürger. Sie ist auch ein Linkshänder. Man kann so sagen, daß die Hauptfigur ein Kämpfer ist.

5) Warum trägt die Erzählung den Titel "Die Linkshänder"? Könnte Sie nicht auch "Die Rechtshänder" heißen?

Die Erzählung trägt den Titel "Die Linkshänder", weil es nur um die Linkshänder handelt. In dieser Erzählung wurde auch nur die positive Seite von Linkshändern beschrieben, wie sie miteinander leben.

6) Die Erzählung beginnt und endet mit der Duellsituation. Aus welchem Grund führt der Autor das Duell nicht gleich am Anfang zu Ende aus; warum unterbricht er die Schilderung des Duells?
Die Erzählung beginnt und endet mit der Duellsituation. Der Text ist auch ein Rahm angeschloßen. Der Autor wollte seinen Text spannender schreiben. Die Schilderung des Duells wurde untergebracht, weil der Autor die Herkunft von beiden Figuren beschreiben wollte.

7) Wie erscheinen die beiden Figuren in der Duellsituation?
In der Duellsituation sind die beiden Figuren bereit zu kämpfen. Das ist auch ein Kampf um Leben und Tod.

8) Wie werden in der Erzählung die Linkshänder und die Rechtshänder charakterisiert? Beschreiben Sie die Eigenschaften dieser beiden Gruppen getrennt! Gibt es auch Gemeinsamkeiten?
In dieser Erzählung sind die Linkshänder in einer Gruppe vereint. Sie lieben sich wie Verwandt. Die Linkshänder haben kontak nur mit den guten Rechtshänder. Es gibt in der Gesellschaft einige Rechtshänder, die die Linkshänder unterstützen. Deshalb wollen die Linkshänder für die Gleichberechtigung kämpfen. zB. in der Erzählung hat der Autor so geschrieben. "In unseren Statuten heißt es: Wir wollen nicht ruhen, bis daß rechts wie links ist.". Die Gemeinsamkeit zwischen beiden Gruppen ist das Zusammenleben in der Gesellschaft. Obwohl sie unterschiedlichen Charakter haben, verstehen sie sich noch.

9) Welche Beziehungen bestehen zwischen Links- und Rechtshändern?
Die Linkshänder und Rechtshänder haben zueinander die Beziehung, weil sie in einer Stadt oder einer Gesellschaft leben. Wenn sie sich nicht verstehen, gibt es nur den Krieg!

10) Welche Ziele verfolgte der Verein am Anfang? Inwiefern verändern sie sich?
In einer Stadt oder Gesellschaft muß man für die anderen Menschen mühsam haben. In dieser Erzählung wollten zuerst die Linkshänder in einer bestimmter Gruppe leben. Sie wollen eigenen Recht haben. Z.B. in eine Familie gibt es nicht nur Linkshänder oder Rechtshänder. Am Anfang war der Verein auch gut. Durch die Arbeit oder das Weiterleben müssen sie von anderen auch verstehen nicht allein sein.

11) Erläutern Sie, warum sich der Verein nicht einfach "Die Linken" oder "Die linken Brüder" nennen wollte!
Die Linken ist eine Organisation, die die sozialistischen Ideen haben. Aber die Linkshänder sind nicht alle für Sozialismus. Es gibt auch die Antisozialismus.

12) Warum versuchen nicht die Rechtshänder, ihre linke Hand "geschickt" zu gebrauchen? Wollen oder müssen sich die Linkshänder anpassen? Bitte begründen Sie!

Die Linkshänder sind nur Minderheit in der Gesellschaft. Man denkt: wenn man die linke Hand geschickt hat, ist es nicht gut für den Körper. Man sagt auch: Link schlägt das Herz. Bei der Begrüßung muß man auch nur die rechte Hand geben. Wenn mit der linken Hand sagt man: das ist unhöflich.

13)Welche Einstellung hat der Autor der Erzählung zu Linkshändern?

Vielleicht ist der Autor auch selbst Linkshänder.

14)Woran scheitert die Liebesbeziehung des Erzählers zu Monika?

Die Liebesbeziehung des Erzählers zu Monika scheitert an den Ringewechseln. Die beiden haben schon viel Mal versucht. Aber das Ergebnis bleibt immer so.

15)Aus welchen Gründen schießen die beiden Hauptfiguren aufeinander?

Die beiden Hauptfiguren schießen aufeinander, weil die beide Kämpfer sind. Sie wollen auch zeigen wie sie die linken Händen benutzen können. Nicht nur die Rechtshänder können gut die Waffe benutzen.

16)"Rechtschaffen wollen wir in freier Wahl und durch nichts mehr vom Allgemeinen getrennt neu beginnen und eine glückliche Hand haben." Interpretieren Sie dieses Ziel der Hauptpersonen1

In Allgemeinen haben die Menschen doch zwei Hände mit dem Geburt. Wenn man so beide Hände gut benutzen kann, hat man doch gut Hände. Wenn man verletzt ist und eine Hand nicht benutzen kann, hat man doch noch eine. Man kann nicht eine Hand wegschaffen und hat nur eine Hand. Es ist schon naturlicher Körperbau.

17)Haben die beiden Hauptfiguren am Ende ihr Ziel erreicht? Begründen Sie Ihre Meinung!

Die beiden Hauptfiguren haben am Ende ihr Ziel erreicht. Die beide haben getroffen. Am Ende haben sie gelacht und das große Experiment begonnen.

18)Was ist Ihrer Meinung nach das zentrale Thema der Erzählung?

Meine Meinung nach zentrales Thema der Erzählung ist eine Lehre von Autor. Nicht nur die Links- oder Rechtshänder sind gut für die Arbeit. Sondern beide können auch gut arbeiten.

Klassifizierung der Antworten

Antwort auf die Frage 5: adäquat

Die Verweisfunktion des Titels auf den Inhalt, genauer gesagt die Korrelation des Titels als Anfangselement des Rahmens mit dem Figurenblickpunkt der Linkshänder wird von der Versuchsperson (Vp) richtig erkannt.

Antwort auf die Frage 6: adäquat

Die Vp erfaßt die Funktion des Rahmens: Durch den Einstellungswechsel sollen die Gründe für die Handlung dargestellt werden.

Antwort auf die Frage 7: nicht adäquat, leserbezogene Antwort: ohne Textbezug

Die Gegensätzlichkeit der Autorenposition zur Hauptfigur, die sich in der distanziert-ironischen Darstellung der Duellsituation besonders deutlich zeigt, wird von der Vp nicht erkannt. Stattdessen wird das Erfahrungswissen herangezogen, daß es in einem Duell in der Regel um Leben und Tod geht. Dafür liefert der Text jedoch keine Anhaltspunkte.

Antwort auf die Frage 8: teilweise adäquat, synthetische Antwort: mit konkretem Textbezug

Aus dem Text wird von der Vp das Detail der guten Beziehungen zwischen Linkshändern und einigen Rechtshändern ausgewählt und verallgemeinert. Das Streben der Linkshänder nach Gleichberechtigung wird zwar erwähnt, aber nicht in Zusammenhang mit der Intoleranz der machtausübenden Mehrheit der Rechtshänder gebracht. Auch die beiden Gruppen gemeine Intoleranz gegenüber "Anderartigen" wird nicht genannt.

Antwort auf die Frage 9: nicht adäquat, leserbezogen: ohne Textbezug

Die Antwort ist allgemein und kann nicht durch den Text gestützt werden, sondern bezieht sich (wahrscheinlich) auf das Vorwissen der Vp. Die erforderliche Abstraktionsleistung für die Erkennung des Sujetmittelpunktes konnte so nicht erbracht werden.

Antwort auf die Frage 10: nicht adäquat, leserbezogen: Metastatement

Die Antwort hat nur wenig Textbezug. Die Vp gibt hauptsächlich eine Wertung in bezüglich des Zusammenlebens von Menschen in einer Gesellschaft ab.

Antwort auf die Frage 11: nicht adäquat, leserbezogen: ohne Textbezug

Die Vp geht nur auf einen Teil der Frage ein und äußert dann sein Vorwissen zum Begriff "Die Linken". Die eigene Intoleranz der Linkshänder gegenüber "Andersartigen", die in krassem Widerspruch zu der von ihnen geforderten Toleranz steht, wird von der Vp nicht erkannt.

Antwort auf die Frage 12: adäquat

Die Vp aktiviert hier ihr Wissen über gesellschaftliche Konventionen, die Anpassung normalerweise immer von der Minderheit erwarten. Dieses Vorwissen wird mit Zitaten aus dem Text verbunden.

Antwort auf die Frage 13: nicht adäquat, leserbezogen: Hypothese

In dieser Antwort zeigt sich ein häufiges Rezeptionsproblem: Der Autorenblickpunkt wird mit dem der Hauptfigur (=Erzähler) identifiziert. Der Leser vermutet, daß der Autor seine eigenen Probleme als Linkshänder in er Erzählung verarbeitet.

Antwort auf die Frage 14: adäquat

Als Ursachen für das Scheitern der Liebesbeziehung wird die Ringgeschichte richtig benannt.

Antwort auf die Frage 15: nicht adäquat, synthetisch: Fehlinterpretation

Die Vp bezieht sich hier nur auf die Duellsituation am Ende der Erzählung und läßt die anderen Handlungsaspekte außer acht, die letztendlich zur Sujetbewegung führen. Dabei wird diese Textpassage mißgedeutet, wenn die Vp schreibt, daß die Figuren mit der linken Hand schießen.

Antwort auf die Frage 16: nicht adäquat, leserbezogen: Metastatement

Von der Vp wird offenbar die Passage "eine glückliche Hand haben" dahingehend fehlinterpretiert, daß die Figuren nur mit einer Hand leben wollen. Ansonsten bezieht sich die Antwort überhaupt nicht auf den Text, sondern enthält nur einen Kommentar des Lesers.

Antwort auf die Frage 17: teilweise adäquat, synthetisch: mit konkretem Textbezug

Ausgehend von der Schlußszene betrachtet die Vp das Ziel als erreicht und damit auf die Verletzung der Hand reduziert. Das Mißlingen der Grenzüberschreitung wird nicht erkannt.

Antwort auf die Frage 18: nicht adäquat, leserbezogen: Metastatement

Die Vp gibt eine Wertung ab und bezieht sich dabei nicht auf den Text.

8.2 Beispiel für die Analyse der Rohdaten aus dem Wohmann-Test

Lesertest - Fragebogen

Alter:	*28 Jahre*
Geschlecht:	*x.*männlich / ... weiblich
Nationalität:	*USA* Muttersprache:*Englisch*
Studienrichtung:	*Vergleichende Literatur*
Semester:	*5.*

Was bedeuten die folgenden Wörter für Sie?
Woran denken Sie, wenn Sie diese Wörter lesen?
Notieren Sie Ihre Gedanken in Stichpunkten hinter dem betreffenden Wort!
Schreiben Sie alles auf, was Ihnen dazu einfällt!

1. SCHÖNER TAG
gutes Wetter; Freunde; Angenehmheit; die Luft; die Sonne
2. UNGEBETENER BESUCH
Überraschung; Einsamkeit; Reden; Freunde;
3. VERWANDTE
Familie; Probleme; Heim
4. KONTAKTE ZU FREUNDEN
Spaß; saufen; reden; lachen; diskutieren; Gesellschaft
5. NOTLÜGE
Schade; Beziehung; Ehe; Glaubens

6. INDIVIDUALISMUS
Genie; Schreiben; Kunst; Einsamkeit

Rezeptionstest - Fragebogen

1) Wie gefällt Ihnen der Text? (Zutreffendes ankreuzen!)
- sehr gut
* gut
- mittelmäßig
- wenig
- überhaupt nicht

Begründen Sie bitte Ihre Antwort!
Es ist ein interessantes Bild eines Persons. Man kann offentlich alles nicht glauben, was die Erzählering redet. Etwas liegt dahinter; es scheint nicht wie ein schöner Tag, sondern wie eine ewige Hölle.

2) Regt Sie der Text zum Nachdenken an?
- sehr stark
- stark
* mittelmäßig
- wenig
- überhaupt nicht

Erklären Sie kurz!
Man muß über diesem Text nachdenken, when man ihn verstehen will. Es gibt Zeichenen, daß etwas fremd ist. Aber ich finde, daß der Author alles offen bleiben lassen will, und ein kurzes Nachdenken paßt für diesen Text.

3) Wie verständlich ist der Text für Sie?
- - sehr leicht
- - leicht
* teilweise
- - schwer
- - sehr schwer

Woran liegt das?
Das Wortschatz ist allgemein nicht schwer, aber es wird schwer, wenn man weißt, daß es viele Ironie und so weiter darin gibt. Zu verstehen, was sie sagt, ist einfach, aber zu verstehen, was sie meint, ist recht schwer.

4) Können Sie sich mit der Frau identifizieren? Begründen Sie bitte Ihre Antwort; auch wenn Sie mit "nein" geantwortet haben!
Nicht viel
Ich wohne mit niemandem, und ich willkomme -immer- Besucher. Für mich ist die Einsamkeit ein Problem, und für sie ist es wahrscheinlich irgend eine

Schande. Wenn ich traurig bin, dann sind Freunde und verwandte sicherlich willkommen.

5) Wie verstehen Sie die folgende Äußerung: "Beim Aufwachen waren wir freundlich zueinander, Robert und ich, ohne große Anstrengung. Wie jeden Sonntag ist er zu mir ins Bett gekrochen. Das ist also jeden Sonntag schön und dauert maximal zwanzig Minuten "? Beschreiben Sie das Verhältnis der Erzählerin zu Robert!

Es klingt, das sie müssen sich zwingen, nett zueinander zu sein. Wenn das heist, daß etwas sexuell passiert ist, dann bin ich total konfus. Ich denke, daß Robert vielleicht von Pflicht noch mit ihr wohnt, oder so etwas, und sie haben wenige Gefühle für einander.

6) Wie verhält sich die Frau zu ihrer Familie (Vater, Schwester und Tante) und zu ihren Freunden bzw. Bekannten (Beier, Lambert)? Bitte beschreiben Sie ihr Verhalten und ihre Beziehung zu diesen Personen!

Sie sagt, wie sie ihr gefallen, aber sie wollen sie nicht sehen. Ich finde, daß es sich für irgend eine Schuld oder Schande ziemt. Diese bringen ein Gedächtnis, das sie sich nicht erinnern will.

7) Was fällt Ihnen auf, wenn Sie Gesagtes und Gedachtes bei der Erzählerin miteinander vergleichen?

Sie passen einander nicht, weil obwohl sie glucklich scheinen will, sie ist klar sehr unglücklich.

8) Was ist für die Frau "ein schöner Tag"?

Ein Tag, wenn das Wetter nett ist, und wenn sie zu Hause nur mit Robert ruhig bleiben kann. Aber vielleicht ist das auch nicht wircklich so nett.

9) Mit welchen Mitteln erreicht die Frau, daß es für sie ein schöner Tag wird?

Sie haltet durch der Besuch Museums die Besucher fest, und sie lugt, damit die Beier nicht kommen werden.

10)Der Titel wird im Text mehrfach wiederholt. Welche Gründe sehen Sie dafür? Erläutern Sie bitte!

Wenn sie es genugmal sagen würde, dann vielleicht würde sie es glauben.

11)Von den Figuren erfährt der Leser nur die Namen oder den Verwandtschaftsgrad zur Frau. Welchen Grund könnte es haben, daß sie nicht näher bezeichnet werden? Bitte erklären Sie!

keine Antwort

12)Was halten Sie für das zentrale Thema der Erzählung?

Einsamkeit, oder Schande

13)Im Text wird sehr oft das Wort "schön" verwendet. Sehen Sie sich diese Verwendungsweisen noch einmal genau an! Wozu dient das Wort Ihrer Meinung nach?

rühig

14)Warum ist der Text in der Ich-Form geschrieben?
Der Zweck ist, daß der Leser die Wahrheit sebst finden muß.
15)Welche Einstellung hat die Autorin zu ihrer Hauptfigur?
Mitleidig

Klassifizierung der Antworten

Anwort auf die Frage 5: teilweise adäquat, synthetisch: mit konkretem Textbezug
Die Gewohnheit in der Beziehung der beiden Figuren wird von der Vp richtig erkannt. Dann interpretiert die Vp weiter aus der Sicht des Mannes (Robert) und stützt sich dabei kaum noch auf den Text, sondern eher auf seine eigenen Vermutungen.
Antwort auf die Frage 6: nicht adäquat, synthetisch: Fehlinterpretation
Die Vp paraphrasiert mehrere Textpassagen und verwechselt dabei die Figurengruppen: Nicht die Verwandten und Freunde wollen die Erzählerin nicht sehen, sondern sie distanziert sich von ihnen. Diese Fehlinterpretation wird mit einer Wertung dieser Handlung verbunden.
Antwort auf die Frage 7: adäquat
Die Diskrepanz zwischen Gesagtem und Gedachten wird von der Vp richtig erkannt und als Beleg für die nach außen getarnte Unzufriedenheit der Erzählerin gedeutet.
Antwort auf die Frage 8: teilweise adäquat, synthetisch: mit konkretem Textbezug
Die Vp bezieht sich hier nur auf die Textpassagen, in denen es um das sonntägliche Zusammensein mit Robert geht. Die anderen Detail werden nicht berücksichtigt, wodurch der Textsinn reduziert wird. Zusätzlich wird eine Vermutung geäußert.
Antwort auf die Frage 9: teilweise adäquat, textbezogen: Textrekonstruktion
Hier werden nur die für die Beantwortung der Frage passenden Textpassagen im Sinne einer Nacherzählung wiedergegeben (Museumsbesuch, Lügen), aber ohne eine zusammenfassende interpretative Aussage zur Sujetbewegung.
Antwort auf die Frage 10: teilweise adäquat, synthetisch: mit allgemeinem Textbezug
Richtig erkannt wird die Funktion des Einstellungswechsels: Durch die ständige Wiederholung bestätigt sich die Erzählerin selbst, daß es für sie ein schöner Tag war. Nicht beachtet wird dabei jedoch die Rolle der anderen Figuren, auf deren Kosten sie sich einen schönen Tag macht.
Antwort auf die Frage 11: keine Antwort
Antwort auf die Frage 12: nicht adäquat, synthetisch: mit allgemeinem Textbezug
Die Vp antwortet hier pauschal mit sehr geringem Bezug auf den Text und ohne eine Begründung der Antwort.

Antwort auf die Frage 13: nicht adäquat, leserbezogen: ohne Text- und Fragenbezug

Diese Antwort steht in keiner Beziehung zum Text und geht auch nicht auf die Frage ein, in der eine Interpretation der Funktion von "schön" im Text verlangt wird.

Antwort auf die Frage 14: nicht adäquat, leserbezogen: ohne Textbezug

Auch hier gilt dasselbe wie für die Antwort zur Frage 13: Die Antwort ist zu allgemein und ohne Textbezug.

Antwort auf die Frage 15: nicht adäquat, synthetisch: Fehlinterpretation

Die kritische Distanz im Autorenblickpunkt wird nicht erfaßt, sondern auf einen Aspekt reduziert, der wohl eher dem Standpunkt des Lesers entspricht. Hier wird auch die Schwierigkeit deutlich, Ironie in einem literarischen Text zu verstehen.

9   Literaturverzeichnis

AGRICOLA, E.; FLEISCHER, W.; PROTZE, H. (eds) 1969: Die deutsche Sprache. 2 Bde. Leipzig

AHRENS, K.; SWAFFAR, J.K. 1987: Logik und Leseprozeß in der Fremdsprache, DaF 24, 2, 103-109

ALDERSON, J.C.; URQUART, A.H. (eds) 1984: Reading in a Foreign Language. London, New York

ALFES, L. 1979: Analogieschlüsse u. potentielle Wortkompetenz, Die Neueren Sprachen 78, 4, 351-364

AMES, W.S.; BRADLEY, J.M. 1984: Using the LAB Method to Estimate a Book's Readability, Journal of Reading 28, 1, 28-32

ANDERSON, J.R. 1980: Cognitive psychology and its implications. San Francisco

ANDERSON, J.R. 1983: The architecture of cognition. Cambridge (Mass.)

ANDERSON, B.V.; BARNITZ, J.G. 1984: Cross-cultural Schemata and Reading Comprehension Instruction, Journal of Reading 28, 2, 102-108

ANDERSON, R.C.; STEFFENSEN, M.S. et al. 1982: Cultural Schemata and Reading Comprehension, Reading Research Quarterly 3, 353-366

ANKERT, H.-G.; BEYER, R. 1987: Untersuchungen zur Textverarbeitung unter besonderer Berücksichtigung von Vorwissenseinflüssen, Zs. für Psychologie 195, 385-399

ARNDT, E. 1980: Zum selbständigen Erschließen der Bedeutung unbekannter Lexik beim (stillen) Leser französischer Texte. Päd. Diss. M.-Luther-Universität Halle

ARNDT, H. 1978: Verfahren zur Analyse u. Quantifizierung von attitudes u. beliefs im Bereich der Landeskunde, in: Arndt, H.; Weller, F.-R. (eds), Landeskunde u. Fremdsprachenunterricht. Berlin, 1-37

ASHBY-DAVIS, C. 1985: Cloze and Comprehension: A Qualitative Analysis and Critique, Journal of Reading 28, 7, 585-589

AUSUBEL, D.P. 1960: The Use of Advance Organizers in the Learning and Retention of Meaningful Verbal Material, Journal of Educational Psychology 51, 267-272

AUSUBEL, D.P.; THOL, N.J. 1983: Organisationshilfen als wirksame Lernstrategien? Psychologie in Erziehung u. Unterricht 30, 64-66

BALLSTAEDT, S.-P. et al. 1981: Texte verstehen, Texte gestalten. München

BAMBERGER, R. 1984: Der Cloze-Test, ein Meßinstrument für Sprachschwierigkeit u. Leseleistung u. ein vielseitiges Unterrichtsmittel, Erziehung u. Unterricht 134, 9, 666-670

BAMBERGER, R.; VANECEK, E. 1984: Lesen - Verstehen - Lernen - Schreiben. Die Schwierigkeitsstufen von Texten in deutscher Sprache. Wien, Frankfurt/M.

BARNETT, M.A. 1989: More than Meets the Eye: Foreign Language Reading: Theory and Practice. Englewood Cliffs, N.J.

BAUSINGER, H. 1986: Bürgerlichkeit und Kultur. Göttingen

de BEAUGRANDE, R.-A. 1981: Einführung in die Textlinguistik. Tübingen

BECKENBACH, G.; NICOLAUS, N. 1984: Dramenanalyse mit Strukturmodellen. Ein neuer Ansatz zur Dramenbehandlung im deutschen Fremdsprachenunterricht, Zielsprache Deutsch 3, 20-27

BENSOUSSAN, M. 1986: Beyond Vocabulary: Pragmatic Factors in Reading Comprehension - Culture, Convention, Coherence and Cohesion, Foreign Language Annals 19, 5, 399-407

BERGLER, R. 1975: Das Eindrucksdifferential. Theorie u. Technik. Bern

BERGLER, R. 1976: Vorurteile - erkennen, verstehen, korrigieren. Köln

BERKHOFF, N.A. 1979: Reading Skills in Extended Discourse in English as a Foreign Language, Journal of Research in Reading 2, 95-107

BERNHARDT, E.B. 1983: Testing Foreign Language Reading Comprehension: The Immediate Recall Protocol, Die Unterrichtspraxis 16, 27-33

BERNHARDT, E.B. 1984: Toward an Information Processing Perspective in Foreign Language Reading, The Modern Language Journal 68, 4, 322-331

BERNHARDT, E.B. 1991: Developments in Second Language Literacy Research: Retrospective and Prospective Views for the Classroom, in: Freed, B.F. (ed), Foreign Language Acquisition Research and the Classroom. Lexington, 221-251

BREDELLA, L. 1975: Ästhetische Erfahrung und soziales Handeln. Frankfurt/M.

BREDELLA, L. 1979: Die Struktur der Interaktion u. das Verstehen literarischer Texte im Unterricht, Der fremdsprachliche Unterricht 13, 4, 37-50

BREDELLA, L. 1980: Das Verstehen literarischer Texte. Stuttgart

BRUSCH, W., KÖHRING, K. 1976: Von der Textentschlüsselung zur Textverarbeitung, Der fremdsprachliche Unterricht 39/10, 3, 2-13

CAMPBELL, A. 1979: How Readability Formulas Fall Short in Matching Student to Text in the Content Areas, Journal of Reading 22, 8, 683-689

CANALE, M. 1984: Considerations in the Testing of Reading and Listening Proficiency, Foreign Language Annals 17, 4, 349-357

CARRELL , P.L. 1983a: Some Issues in Studying the Role of Schemata, or Background Knowledge, in Second Language Comprehension, Reading in a Foreign Language 1, 2, 81-92

CARRELL, P.L. 1983b: Three Components of Background Knowledge in Reading Comprehension, Language Learning 33, 2, 183-207

CARRELL, P.L. 1984a: Evidence of a Formal Schema in Second Language Comprehension, Language Learning 34, 2, 87-112

CARRELL, P.L. 1984b: Inferencing in ESL: Presuppositions and Implications of Factive and Implicative Predicates, Language Learning 34, 1, 1-21

CARRELL, P.L. 1984c: Schema Theory and ESL Reading: Classroom Implications and Applications, The Modern Language Journal 4, 332-343

CARRELL, P.L. 1987a: A View of Written Text as Communicative Interaction: Implications for Reading in a Second Language, in: Carrell, P.L. et al. (eds), Research in Reading in English as a Second Language. Washington, D.C., 21-36

CARRELL, P.L. 1987b: Content and Formal Schemata in ESL Reading, TESOL Quarterly 21, 3, 461-481

CARRELL, P.L.; EISTERHOLD, J.C. 1983: Schema Theory and ESL Reading Pedagogy, TESOL Quarterly 17, 553-573

CARRELL, P.L. et al. (eds) 1988: Interactive Approaches to Second Language Reading. Cambridge

CARTON, A.S.; KAYA-CARTON, E. 1986: Multidimensionality of Foreign Language Reading Proficiency: Preliminary Considerations in Assessment, Foreign Language Annals 19, 2, 95-102

CARVER, R.P 1975: Revised Procedures for Developing Reading-input Materials and Reading-storage Tests, Journal of Reading Behavior 7, 155-172

CARVER, R.P. 1977/78: Toward a Theorie of Reading Comprehension and Rauding, Reading Research Quarterly 13, 1, 8-63

CHRIST, H.; PIEPHO, H.E. (eds) 1977: Kongreßdokumentation der 7. Arbeitstagung der Fremdsprachendidaktiker Gießen 1976. Limburg

CLARKE, D.F.; NATION, I.S.P. 1980: Guessing the Meanings of Words From Context: Strategies and Techniques, System 8, 3, 211-220

CLAUSS, G.; EBNER, H. 1992: Statistik für Soziologen, Pädagogen, Psychologen und Mediziner Bd. 1. 7. Auflage. Thun, Frankfurt/ M.

COHEN, J.H. 1975: The Effect of Content Area Material on Cloze Test Performance, Journal of Reading 19, 3, 247-250

CONNOR, U. 1984: Recall of Text: Differences Between First and Second Language Readers, TESOL Quarterly 18, 239-255

CROW, J.T. 1986: Receptive Vocabulary Aquisition for Reading Comprehension, The Modern Language Journal 70, 3, 242-250

DESSELMANN, G.; HELLMICH, H. et al. 1981: Didaktik des Fremdsprachenunterrichts (Deutsch als Fremdsprache). Leipzig

DONLAN, D.; SINGER, H. 1982: Active Comprehension: Problem-solving Schema with Question Generation for Comprehension of Complex Short Stories, Reading Research Quarterly 2, 166-185

DÜWELL, H. 1980: Extratextuelle u. intratextuelle Aufgabenstellungen als Formen der Überprüfung des Leseverstehens, Französisch heute 11, 1, 1-14

DUFFELMEYER, F.A. 1983: The Effect of Grade Level on Cloze Test Scores, Journal of Reading 26, 5, 436-441

EHLERS, S. 1986: Strategien der literarischen Texterschließung im Fremdsprachenunterricht, Zielsprache Deutsch 17, 5, 23-29

EHLERS, S. 1987: Aufbau eines Deutungsschemas. Ein Beitrag zum Deuten und Verstehen literarischer Texte im Unterricht DaF, Zielsprache Deutsch 3, 28-35

EHLERS, S. 1988: Sehen lernen. Zur ästhetischen Erfahrung im Kontext interkultureller Literaturvermittlung, Jahrbuch DaF 14, 171-197

ESSELBORN, K. 1981: Ansätze zu einer fremdsprachlichen Literaturdidaktik, Jahrbuch DaF 7, 297-309

ESSELBORN, K. 1987: Neuerscheinungen zur Literaturdidaktik des Deutschen als Fremdsprache, Jahrbuch DaF 13, 421-427

ESSER, U. 1983: Textverarbeitung - ein schemageleiteter Prozeß, DaF 1, 26-29

von FABER, H. (ed) 1980: Leseverstehen im Fremdsprachenunterricht: Protokoll eines Werkstattgesprächs. München

FABRICIUS-HANSEN, C.; HERINGER, H.J. 1988: Die Idee einer rezeptiven Grammatik u. ihre Realisierung, Info DaF 15, 2, 164-175

FAULSTICH, W. 1977: Domänen der Rezeptionsanalyse: Probleme, Lösungsstrategien, Ergebnisse. Kronberg/ Ts.

FREED, B. (ed) 1991: Foreign Language Acquisition Research and the Classroom. Lexington, D.C.

FRY, E.B. 1989: Reading Formulas - Maligned but Valid, Journal of Reading 32, 4, 292-297

GATBONTON, E.C.; TUCKER, G.R. 1971: Cultural Orientation and the Study of Foreign Literature, TESOL Quarterly 5, 2, 137-143

GERHOLD, S. 1990: Lesen im Fremdsprachenunterricht: psycholinguistische u. didaktische Überlegungen zu Funktionen einer vernachlässigten Fertigkeit im Französischunterricht. Bochum

GLAHN, E. 1980: Some Errors in Reading Comprehension, in: von Faber, H. (ed), Leseverstehen im FU. Protokoll eines Werkstat t gesprächs des Goethe-Instituts Paris u. d. British-Council Paris. München, 238-256

GOODMAN, K.S. 1973: Psycholinguistic Universals in the Reading Process, in: Smith, F. (ed), Psycholinguistics and Reading. New York, 21-27

GOODMAN, K.S. 1976: Reading: A Psycholinguistic Guessing Game, in: Singer, H.; Rudell, R.B. (eds), Theoretical Models and Processes of Reading. New York, 497-508

GOTTSCHALDT, K. et al. (ed) 1969: Handbuch der Psychologie in 12 Bänden. Band 7, 1: Sozialpsychologie. Theorien u. Methoden. Göttingen

GRAESSER, A.C. 1981: Prose Comprehension beyond the Word. New York

GRANT, P.L. 1979: The Cloze Procedure as an Instructional Device, Journal of Reading 22, 8, 699-705

GREEN, B.A.; ROYER, J.M. et al. 1987: The Sentence Verification Technique: A Practical Procedure for Testing Comprehension, Journal of Reading 30, 5, 414-422

GRIMM, H.; ENGELKAMP, J. 1981: Sprachpsychologie. Berlin

GROEBEN, N. 1980: Rezeptionsforschung als empirische Literaturwissenschaft: Paradigma - durch Methodendiskussion an Untersuchungsbeispielen. Tübingen

GROEBEN, N.1982: Leserpsychologie: Textverständnis - Textverständlichkeit. Münster

HANSELL, T.S. 1976: Readability, Syntactic Transformations, and Generative Semantics, Jounal of Reading 19, 7, 557-562

HARRIS, A.J.; JACOBSON, M.D. 1979: A Framework for Readability Research: Moving beyond Herbert Spencer, Journal of Reading 22, 5, 390-398

HEBEL, F. 1980: Zur Bestimmung von Kriterien der Textauswahl im fremdsprachlichen Literaturunterricht, Jahrbuch DaF 8, 181-184

HEINZE, N. 1985: Ästhetischer Genuß u. literarisches Verstehen. Einige interkulturelle Aspekte der Literaturdidaktik, in: Krull, W.; Werfelmeyer, F. (eds), Textarbeit - Literarische Texte. München, 9-23

HELLMICH, H. 1981: Stufen der fremdsprachliche Kompetenz u. das Niveau der (fremd)sprachlichen Tätigkeit, DaF 2, 80-87

HERINGER, H.J. 1984: Textverständlichkeit. Leitsätze u. Leitfragen, Zeitschrift f. Literaturwissenschaft u. Linguistik 14, 55, 57-70

HERINGER, H.J. 1987: Wege zum verstehenden Lesen. Lesegrammatik f. DaF. Eine Verstehensgrammatik f. fortgeschrittene Deutsc h lerner. München

HEUERMANN, H.; HÜHN, P.; RÖTTGER, B. (eds) 1975: Literarische Rezeption. Paderborn

HEUERMANN, H.; HÜHN, P.; RÖTTGER, B. 1982: Werkstruktur u. Rezeptionsverhalten. Empirische Untersuchungen über den Zusammenhang von Text-, Leser- u. Kontextmerkmalen. Göttingen

HEUERMANN, H.; HÜHN, P. 1983: Fremdsprachige vs. muttersprachige Rezeption: eine empirische Analyse text- u. leserspezifischer Unterschiede. Tübingen

HITTLEMAN, D.R. 1978: Readability, Readability Formulas, and Cloze: Selecting Instructional Materials, Journal of Reading 22, 2, 117-122

HOFSTÄTTER, P.R. 1990: Humboldt - Psychologie - Lexikon. München

HOPPE-GRAFF, S. 1984: Verstehen als kognitiver Prozeß. Psychologische Ansätze u. Beiträge zum Textverstehen, Zs. f. Literaturwissenschaft u. Linguistik 14, 55, 10-37

HORNING, A.S. 1979: On Defining Redundancy in Language: Case Notes, Journal of Reading 22, 4, 312-320

HORNKE, L.F. 1983: Integration empirischer Forschungsergebnisse? Zum Problem der vorstrukturierenden Lernhilfen im Sinne Ausubels, Psychologie in Erziehung u. Unterricht 30, 54-63

HUDSON, T. 1982: The Effects of Induced Schemata on the 'Short Circuit' in L2 Reading: Non-Decoding Factors in L2 Reading Performance, Language Learning 32, 1, 1-31

HUEY, D.R. 1908: The Psychology and Pedagogy of Reading. New York

HUNFELD, H. 1985: Das deutliche Gegenüber. Zur Hermeneutik des Fremdsprachenunterrichts, in: Krull, W.; Werfelmeyer, F. (eds), Textarbeit - Literarische Texte. München, 25-44

HUNFELD, H. 1990: Literatur als Sprachlehre. Aufsätze eines hermeneutisch orientierten Fremdsprachenunterrichts. Berlin, München

ICKLER, T. 1984: Deutsch als Fremdsprache: eine Einführung in das Studium. Tübingen

ISER, W. 1971: Die Appellstruktur literarischer Texte: Unbestimmtheit als Wirkungsbedingung literarischer Prosa. 2. Auflage. Konstanz

JOAG-DEV, C.; STEFFENSEN, M.S. 1984: Cultural Knowledge and Reading, in: Alderson, C.J.; Urquhart, A.H. (eds), Reading in a Foreign Language. London, New York, 48-64

JOHNSON, P. 1981: Effects on Reading Comprehension of Language Complexity and Cultural Background of a Text, TESOL Quarterly 15, 2, 169-181

JOHNSON, P. 1982: Effects on Reading Comprehension of Building Background Knowledge, TESOL Quarterly 16, 503-516

JONES, R.L. 1984: Testing the Receptive Skills: Some Basic Considerations, Foreign Language Annals 17, 4, 365-367

JUEL, C. 1980: Comparision of Word Identification Strategies with Varying Context, Word Type, and Reader Skill, Reading Research Quarterly 5, 358-385

KARCHER, G.L. 1985: Aspekte einer Fremdsprachenlegetik - Zur Differenzierung von erst- u. fremdsprachlichem Lesen, Jahrbuch DaF 11, 14-35

KARCHER, G.L. 1988: Das Lesen in der Erst- u. Fremdsprache: Dimensionen u. Aspekte einer Fremdsprachenlegetik. Heidelberg

KINTSCH, W.; van DIJK, T. 1978: Toward a Model of Text Comprehension and Production, Psychological Review 85, 363-394

KINTSCH, W., VIPOND, D. 1979: Reading Comprehension and Readability in Educational Practice and Psychological Theory, in: Nilsson, L.-G. (ed), Perspectives on Memory Research. Hillsdale, N.J., 329-365

KLARE, G.R. 1974/75: Assessing Readability, Reading Research Quarterly 10, 1, 62-102

KLEIN, W. 1984: Zweitsprachenerwerb: eine Einführung. Königstein/ Ts.

KOENKE, K. 1971: Another Practical Note on Readability Formulas, Journal of Reading 15, 3, 203-208

KORJAKOVCEVA, N.F. 1977:Zur Bestimmung der Niveaustufen der Lesefähigkeit in der Fremdsprache, DaF 14, 5, 280-286

KOSOK, H. 1979: Lektüreauswahl für die Sekundarstufe II aus der Sicht eines Literaturwissenschaftlers, in: Weber, H. (ed), Aufforderungen zum literaturdidaktischen Dialog. Wuppertaler Kolloquium zum englischen Literaturunterricht. Paderborn, 13-29

KRULL, W. 1985: Literatur im Konversationsunterricht, in: Krull, W.; Werfelmeyer, F. (eds), Textarbeit - Literarische Texte. München, 45-51

KRUSCHE, D. 1984: Die Transportierbarkeit von Literatur über kulturelle Grenzen. Zu einer fremdkulturellen Hermeneutik, Jahrbuch DaF, 10, 198-207

KRUSCHE, D. 1990: Vermittlungsrelevante Eigenschaften von literarischen Texten, in: Krusche, D.; Wierlacher, A. (eds), Hermeneutik der Fremde. München, 103-125

KUSSLER, R. 1979: Zur Einstellung südafrikanischer Studienanfänger im Fach Deutsch gegenüber Deutschen, Sociologia Internationalis 17, 1/2, 213-234

KUSSLER, R. 1980a: Fremdsprachliche Literaturvermittlung auf der Grundlage empirischer Rezeptions- u. Leserforschung, Jahrbuch DaF 6, 65-84

KUSSLER, R. 1980b: Zum Problem der Integration von Literaturvermittlung u. Landeskunde, in: Wierlacher, A. (ed), Fremdsprache Deutsch Bd.2. München, 469-485

KUSSLER, R. 1981: Deutsche Lyrik als fremde Lyrik. Zur Behandlung lyrischer Texte im Unterricht.München

LAROCHE, J. 1979: Readability Measurement for Foreign-language Materials, System 7, 2, 131-135

LEBAUER, R.S. 1985: Nonnative English Speaker Problems in Content and English Classes: Are they Thinking or Reading Problems? Journal of Reading 29, 2, 136-142

LEE, J.F. 1986: On the Use of the Recall Task to Mesure L2 Reading Comprehension, Studies in Second Language Acquisition 8, 1, 201-212

LEHNERT, W.G. 1980: The Role of Scripts in Understanding,in: Metzing, D. (ed), Frame Conceptions and Text Understanding. Berlin, New York, 79-95

LERCHNER, G. 1981: Probleme linguistische Analysen literarischer Texte, Zs. für Germanistik 3, 337-346

LERCHNER, G. 1984: Sprachform von Dichtung: linguistische Untersuchungen zu Funktion u. Wirkung literarischer Texte. Berlin, Weimar

LEWANDOWSKI, T. 1985. Linguistisches Wörterbuch. Heidelberg, Wiesbaden

LISCH, R.; KRIZ, J. 1978: Grundlagen u. Modelle der Inhaltsanalyse. Reinbek

LISKIN-GASPARRO, J.E. 1984: Practical Considerations in Receptive Skills Testing, Foreign Language Annals 17, 4, 369-373

LÖSCHMANN, M. 1975: Übungsmöglichkeiten u. Übungen zur Entwicklung d. stillen Lesens, DaF 12, 1, 26-31 (Teil 1) u. DaF 12, 2, 96-101

LÖSCHMANN, M.; LÖSCHMANN, M. 1975: Kontrollverfahren u. -formen für das stille Lesen, DaF 4, 216-222

LOTMAN, J.M. 1989: Die Struktur literarischer Texte. 3. Auflage. München

LUTJEHARMS, M. 1988a: Auffassungen über das Lesen als psycholinguistischer Prozeß u. die Konsequenzen für das Unterrichten u. Testen der Lesefertigkeit, Zielsprache Deutsch 3, 11-17

LUTJEHARMS, M. 1988b: Lesen in der Fremdsprache: Versuch e. psycholinguistischen Deutung am Bsp. DaF. Bochum

LUTZ, D.E. 1987: Untersuchungen zur Reliabilität des Semantischen Differentials. Diss. Hamburg

MANDL, H. 1981: Einige Aspekte zur Psychologie der Textverareitung, in: Mandl, H. (ed), Zur Psychologie der Textverarbeitung. München, 3-37

MANDL, H.; SPADA, H. (eds) 1988: Wissenspsychologie. München, Weinheim

MANDL, H.; TERGAN, S.O. 1983: Neuere Ansätze zur Textverständlichkeit, Unterrichtswissenschaft 1, 56-72

MANTHEY, F. 1977: Kriterien zur Bestimmung des Schwierigkeitsgrades der Inhaltsstruktur erzählender Lesetexte, DaF 1, 21-27

MARKHAM, P.L. 1988: The Cloze Procedure and Intersentential Comprehension in College-level German, IRAL 26, 1, 44-51

MARZANO, R.J. 1978: Teaching Psycholinguistically Based Comprehension Skills Using a Visual Approach: A Proposal, Journal of Reading 21, 8, 729-734

MELENDEZ, E.J.; PRITCHARD, R.H. 1985: Applying Schema Theory to Foreign Language Reading, Foreign Language Annals 18, 5, 399-403

MERTEN, K. 1983: Inhaltsanalyse: Einführung in Theorie, Methode u. Praxis. Opladen

MEUTSCH, D. 1984: Wie "entsteht" ein verständlicher Text? Zs. f. Literaturwissenschaft u. Linguistik 14, 55, 86-112

MINSKY, M. 1975: A Framework for Representing Knowledge. Proceedings of the Conference on Theoretical Issue in Natural Language Processing. Cambridge, Mass.

MOORE, D.; READENCE, J.E. 1979: Responding to Literature: An Alternative to Questioning, Journal of Reading 23, 2, 107-111

MRAZEK, J. 1979: Verständnis u. Verständlichkeit von Lesetexten. Frankfurt/M.

MÜLLER, B.-D. 1987: Leseverstehen u. Verstehensgrammatik, Jahrbuch DaF 13, 254-275

NEBE, U. 1990: Ist Textschwierigkeit meßbar? DaF 6, 350-356

NEUNER, G. 1984a: Überlegungen zur Didaktik u. Methodik des Textverständnisses im Unterricht DaF, Zielsprache Deutsch 1, 6-27

NEUNER, G. 1984b: Von der Äußerung zum Verstehen. Neue Akzente in der Fremdsprachendidaktik u. in der fremdsprachendidaktischen Forschung, Zielsprache Deutsch 1, 2-5

NILAGUPTA, S. 1977: The Relationship of Syntax to Readability for ESL Students in Thailand, Journal of Reading 20, 7, 585-594

NORMAN, D.A.; RUMELHART, D.E. 1978: Strukturen des Wissens: Wege der Kognitionsforschung. Stuttgart

ORTITZ, R.K. 1977: Using Questioning as a Tool in Reading, Journal of Reading 21, 2, 109-114

OSGOOD, C. et al. 1967: The Measurement of Meaning. Chicago, London

OZETE, O. 1977: The Cloze Procedure: A Modification, Foreign Language Annals 10, 5, 565-568.

PARRY, K.J. 1987: Reading in a Second Culture, in: Devine, J.; Carrell, P.L.; Eskey, D.E. (eds), Research in Reading English as a Second Language. Washington, D.C., 59-70

PAUSE, P.E. 1984: Das Kumulationsprinzip - eine Grundlage für die Rekonstruktion von Textverstehen u. Textverständlichkeit, Zs. f. Literaturwissenschaft u. Linguistik 14, 55, 38-56

PERKINS, K.; JONES, B. 1985: Measuring Passage Contribution in ESL Reading Comprehension, TESOL Quarterly 19, 1, 137-153

POLLERBERG, D. 1984: Formen des Leidens. Studien zu Gabriele Wohmanns Erzählungen. Phil. Diss. Wuppertal

PUDSZUHN, U. (geb. NEBE) 1988: Zur Progression von allgemeinsprachlichen Lesetexten im studienvorbereitenden Unterricht "Deutsch als Fremdsprache". Diss. Universität Leipzig

PUGH, K.A. 1978: Silent Reading. An Introduction to its Study and Teaching. London

RICHAUDEAU, F. 1985: The Reading Process in 6 Diagrams, Journal of Reading 28, 6, 504-512

RICKHEIT, G.; STROHNER, H. 1985: Psycholinguistik u. Textverarbeitung, Studium Linguistik 17-18, 1-78

RUMELHART, D.E. 1975: Notes on a Schema for Stories, in: Bobrow, D.G.; Collins, A. (eds), Representation and Understanding. Studies in Cognitive Science. New York, 211-236

RUMELHART, D.E. 1980: Schemata: The Building Blocks of Cognition, in: Spiro, R.J.; Bruce, B.C.; Brewer, W.F. (eds), Theoretical Issues in Reading Comprehension - Perspectives from Cognitive Psychology, Linguistics, Artificial Intelligence and Education. Hillsdale, N.J., 33-58

SÄNDIG, U. 1988: Untersuchungen zur literar-ästhetischen Rezeptionskompetenz im Bereich DaF/ Fortgeschrittenenstufe: die Rezeption der sprachlichen u. der mittelbar sprachgebundenen Textbedeutungsebenen bei der Lektüre von Kurzprosa der jüngeren DDR-Literatur. Päd. Diss. Pädagogische Hoc h schule Potsdam

SCHLIWA, R. 1979: Die Methode des Polaritätenprofils bei der Erfassung sprachlicher Wirkungen, untersucht an der Redundanz poetischer u. publizistischer Texte. Phil. Diss. M.-Luther-Universität Halle

SCHMIDT, S.J. 1976: Texttheorie. Probleme einer Linguistik der sprachlichen Kommunikation. München

SCHRÖDER, G. 1977: Sprache in der Literatur, in: Hunfeld (ed), Neue Perspektiven der Fremdsprachendidaktik. Kronberg/ Ts., 157-165

SIMPSON, M.L. 1987: Alternative Formats for Evaluating Content Area Vocabulary Understanding, Journal of Reading 31, 1, 20-27

SMITH, P.D. 1970: A Comparision of the Cognitive and Audiolingual Approaches to Foreign Language Instruction: The Pennsylvania Foreign Language Project. Philadelphia

SODHI, K. et al. 1956: Geschlechtsabhängige Unterschiede nationaler Stereotypen, Jahrbuch für Psychologie u. Psychotherapie 4, 263-296

STEFFENSEN, M. et al. 1979: A Cross-cultural Perspective on Reading Comprehension, Reading Research Quarterly 15, 10-29

STEINBERG, W. 1981: Subjektive u. objektive Faktoren bei der Ermittlung rezeptiv auffälliger Konstituenten eines literarischen Großtextes (Th. Mann:

"Königliche Hoheit"), in: Funktion der Sprachgestaltung im literarischen Text: Wiss. Beiträge der M.-Luther-Universität Halle-Wittenberg, 182-190

STIEFENHÖFER, H. 1986: Lesen als Handlung: didaktisch-methodische Überlegungen u. unterrichtspraktische Versuche zur fremdsprachlichen Les e fähigkeit. Weinheim, Basel

STIEFENHÖFER, H. 1986: Zur Theorie u. Praxis fremdsprachlichen Lesens, Bielefelder Beiträge zur Sprachlehrforschung 15, 1-2, 43-82

TIEG, G. 1986: Die Hauslektüre künstlerischer Prosa und ihre Bedeutung für die Entwicklung sprachkommunikativen Könnens. Diss. Universiät Leipzig

THORNDIKE, P.W.; YEKOVICH, F. 1980: A Critique of Schema-based Theories of Human Story Memory, Poetics 9, 23-49

TUINMAN, J.J. 1980: The Schema Schemers, Journal of Reading 23, 5, 414-419

TRIANDIS, H.C. 1972: The Analysis of Subjective Culture. New York

TRIANDIS, H.C. 1975: Einstellungen u. Einstellungsänderungen. Weinheim, Basel

TUDOR, I. 1986: Advance Organisers as Adjuncts to L2 Reading Comprehension, Journal of Reading 9, 2, 103-115

VITLIN, Z.L. 1977: Über Verfahren zur Vermeidung von strukturbedingten Schwierigkeiten beim Lesen nichtadaptierter Text, DaF 14, 5, 292-295

VOGEL, K. 1989: Aspekte der Lernersprache als Forschungskonzept des Zweitsprachenerwerbs. Phil. Diss. Göttingen

WAINMAN, H. 1979: Cloze Testing of Secong Language Learners, English Language Teaching Journal 33, 2, 126-132

WALKER, L.J. 1983: Word Identification Strategies in Reading a Foreign Language, Foreign Language Annals 16, 4, 293-299

WEBER, H. (ed) 1979: Aufforderungen zum literaturdidaktischen Dialog. Wuppertaler Kolloquium zum englischen Literaturunterricht. Paderborn

WEIBLE, D.M. 1980: Teaching Reading Skills through Linguistic Redundancy, Foreign Language Annals 13, 6, 487-493

WEIDENMANN, B. 1988: Psychische Prozesse beim Verstehen von Bildern. Bern

WESTHOFF, G. 1987: Didaktik des Leseverstehens. München

WETTLER, M. 1980: Sprache, Gedächtnis, Verstehen. Berlin, New York

WIENOLD, G. 1982: Einige linguistische Überlegungen zu literarischen Texten im Fremdsprachenunterricht, Jahrbuch DaF 8, 243-258

WILLENBERG, H. 1978: Zur Psychologie literarischen Lesens. Wahrnehmung, Sprache und Gefühle. Paderborn

WIMMER, H. 1982: Zur Entwicklung des Verstehens von Erzählungen. Bern, Stuttgart, Wien

WIRRER, J. 1984: Textverarbeitung u. Interpretation. Zur Verarbeitung literarischer Texte in Institutionen unter besonderer Berücksichtigung der Schule. Frankfurt/ M.

WITRUK, E.; STAATS, M. 1983: Differentielle Leselernanalyse, Zs. für Psychologie 191, 3, 253-270

WOOD, N.V. 1988: Standardized Reading Tests and the Postsecondary Reading Curriculum, Journal of Reading 32, 3, 224-230

ZHANG, J. 1988: Reading Miscues and 9 Adult Chinese Learners of English, Journal of Reading 32, 1, 34-41

If you have any concerns about our products,
you can contact us on
ProductSafety@springernature.com

In case Publisher is established outside the EU,
the EU authorized representative is:
**Springer Nature Customer Service Center GmbH
Europaplatz 3, 69115 Heidelberg, Germany**

Printed by Libri Plureos GmbH
in Hamburg, Germany